Mitri Raheb
Fred Strickert

BETHLEHEM 2000

بيت لحم
٢٠٠٠
بين الماضي والحاضر

Mitri Raheb
Fred Strickert

BETHLEHEM 2000

بيت لحم ٢٠٠٠
بين الماضي والحاضر

Eine Stadt zwischen den Zeiten

Fotos von Garo Nalbandian

Vorwort von Yassir Arafat
und Hans-Jürgen Wischnewski

Aus dem Englischen von
Michael Schiffmann

PALMYRA

Für die Mithilfe und Unterstützung bei der Herstellung dieses Bildbandes dankt der Verlag folgenden Personen: Yassir Arafat, Hans-Jürgen Wischnewski, Abdallah Frangi, Axel Burmeister (Deutsche Gesellschaft für Technische Zusammenarbeit, GTZ), Rainer Zimmer-Winkel, Ismat Amiralai, Barbara Twardon und Klaus Pföhler.

Fotonachweis

Alle Fotos von Garo Nalbandian außer:
Georg Stein: 60, 63, 74, 89, 92, 93 oben, 112 oben, 115, 118 unten, 121 rechts unten, 124 oben, 126, 131, 134, 136, 138, 139, 141
Berliner Missionswerk: 121 unten links
Nahostarchiv Heidelberg: 105
Matthias Ries: 51 unten, 109
Lina Biancorosso: 50 oben

Die Deutsche Bibliothek – CIP-Einheitsaufnahme
Bethlehem 2000 : eine Stadt zwischen den Zeiten
Mitri Raheb ; Fred Strickert. Fotos von Garo Nalbandian. Vorw. von Yassir Arafat und Hans-Jürgen Wischnewski. Aus dem Engl. von Michael Schiffmann.
Heidelberg : Palmyra, 1998
Parallelt. in arab. Schr.
Engl. Ausg. u.d.T.: Bethlehem 2000
ISBN 3-930378-18-3

Originalausgabe, 2. Auflage 1999

Hauptstraße 64, 69117 Heidelberg
Telefon 06221/165409, Telefax 06221/167310
e-mail: palmyra-verlag@t-online.de
www.palmyra-verlag.de

Lektorat: Georg Stein und Christa Schönrich
Umschlaggestaltung: Georg Stein und Annette Künzel
Typographische Einrichtung: Christoph Schall
Umschlagfotos: Garo Nalbandian
Satz: Matthias Ries
Druck und Bindung:
Freiburger Graphische Betriebe
Printed in Germany
ISBN 3-930378-18-3
Das Buch ist auch in einer englischen Ausgabe erhältlich.

Inhalt

Für einen Dialog der Kulturen und Religionen

Vorwort von Yassir Arafat

Palästina ist die Wiege der drei monotheistischen Religionen, der Ursprungsort der Propheten und das Land des Friedens.

Als Geburtsort von Jesus Christus ist Bethlehem eine der bedeutendsten Pilger- und Touristenstätten der Welt. Heilig ist die Stadt allen Christen, aber auch Juden und Muslimen. Religion und Geschichte bestimmen das Bild der Stadt bis in unsere Zeit.

Bethlehem ist aber auch Teil einer Region, die in unserem Jahrhundert vom israelisch-palästinensischen Konflikt geprägt wurde. Fast 30 Jahre lang stand die Stadt unter israelischer Besatzung, bis sie im Dezember 1995 der palästinensischen Regierungsbehörde unterstellt wurde. Ihr Alltag ist jedoch nach wie vor durch die Anwesenheit der Besatzungsmacht im umgebenden Westjordanland bestimmt.

Zur Jahrtausendwende erwartet Bethlehem vier Millionen Besucher. Das Jahr 2000 wird die Aufmerksamkeit der Welt wieder auf den Ort lenken, an dem die christliche Zeitrechnung begann.

Die 2000-Jahr-Feier der Geburt von Jesus Christus, des Propheten der Liebe und des Friedens, ist nicht nur ein wichtiges religiöses Ereignis. Es ist auch ein herausragendes historisches und kulturelles Datum, das für die Menschen im Nahen Osten und in der gesamten Welt von besonderer Bedeutung ist.

Deswegen sind all unsere Bemühungen auf die Verwirklichung des langersehnten Friedens in unserem Land und in der gesamten Region gerichtet. Wir hoffen, daß die Feierlichkeiten anläßlich dieses wichtigen Ereignisses die einmalige Chance eröffnen, auf dem Weg der Versöhnung, der Koexistenz und der Toleranz zwischen den Völkern voranzuschreiten, ausgehend vom Prinzip der Gleichheit und der Anerkennung der gegenseitigen Rechte.

Die 2000-Jahr-Feier ist eine wirkliche Chance, die spirituellen und moralischen Werte der Menschen im Nahen Osten und der gesamten Welt wiederzubeleben.

Viele Städte bereiten sich darauf vor, den Beginn des dritten Jahrtausends zu feiern. Es existiert jedoch kein Ort auf der Welt, der eine ähnlich besondere Bedeutung hat wie Bethlehem, der palästinensischen Stadt, die von Gott ausgewählt wurde, die Geburtsstätte von Jesus Christus zu werden, und in der die moderne Zeitrechnung ihren Anfang nahm.

Der vorliegende Bildband ist das erste Buch dieser Art über Bethlehem. Eindrucksvoll vermittelt es die Vielfalt und Faszination der Stadt und ihrer Umgebung. Geschichte und Kultur, Religion und Sehenswürdigkeiten werden ausführlich dargestellt. Breiten Raum nimmt dabei das Leben der Bewohner Bethlehems ein: ihr Alltag unter israelischer Besatzung und die Veränderungen seit dem Beginn der palästinensischen Selbstverwaltung im Jahre 1995.

Der Bildband vermittelt somit ein einmaliges Gesamtbild der Stadt und ihrer Menschen; es nimmt die Leserin und den Leser mit auf eine Reise in eine der heiligsten Städte der Menschheit.

Ich bin sicher, daß dieses Buch einen Beitrag leisten wird zu einem Dialog der Kulturen und Religionen, ein Dialog, der auch die Voraussetzung ist für einen Frieden zwischen dem israelischen und dem palästinensischen Volk.

Y. Arafat

Gaza, August 1998

Bethlehem: Stadt des Friedens

Vorwort von Hans-Jürgen Wischnewski

Am Ende dieses Jahrtausends blicken viele Menschen aus allen Erdteilen auf die Stadt Bethlehem in Palästina. Vor 2000 Jahren wurde in Bethlehem Jesus Christus geboren. Hier hat das Christentum seinen Ursprung, hier beginnt unsere Zeitrechnung. Zur Jahrtausendwende erwartet Bethlehem Pilger und Besucher aus aller Welt.

Heute ist Bethlehem eine Stadt, die vorwiegend von Muslimen bewohnt wird. Es gibt eine beachtliche christliche Minderheit verschiedener christlicher Kirchen. In Bethlehem leben Muslime und Christen miteinander, es gibt Moscheen und Kirchen. Das Zusammenleben von Muslimen und Christen wird von Präsident Yassir Arafat in besonderem Maße gefördert. An Heiligabend, diesem hohen Festtag der Christen anläßlich der Geburt von Jesus Christus, nimmt Yassir Arafat am Gottesdienst der Christen teil.

Der Beginn des Friedensprozesses hat zum Abzug der israelischen Truppen aus Bethlehem geführt. Die Lebensfähigkeit der Stadt Bethlehem hängt aber natürlich davon ab, daß der Friedensprozeß insgesamt weitergeht. Seit der Regierungsübernahme in Israel durch Ministerpräsident Benyamin Netanyahu ist der Friedensprozeß jedoch in eine tiefe Krise geraten. Darunter leidet auch Bethlehem.

Die Welt, in der wir leben, ist voller Konflikte. Um mehr Frieden zu erreichen, nicht nur im Nahen Osten, brauchen wir auch den Dialog der Religionen. Bethlehem ist eine Stadt, die nach meinen Erfahrungen ganz besonders geeignet ist, einen solchen Dialog in ihren Mauern zu führen. Es gibt in Bethlehem zum Glück Menschen, die daran arbeiten, daß Bethlehem sich zu einer Stadt entwickelt, in der solche Dialoge zwischen den Religionen geführt werden können.

Bethlehem hat etwa 40 000 Einwohner, und die Stadt bereitet sich auf das Jahr 2000 vor. Es muß jedoch noch viel geschehen, damit Bethlehem in der Lage sein wird, die vielen Menschen zur Jahrtausendwende aufzunehmen und das Jahr 2000 würdig zu begehen. Aufgrund der wirtschaftlichen Situation von Bethlehem kann die Stadt dies nicht alleine leisten. Hilfe von außen ist notwendig. Auch der Verein zur Förderung der Städtepartnerschaft Köln-Bethlehem ist darum bemüht, seinen Beitrag zu leisten. Die Welt sollte in der Lage sein, hierbei zu helfen. Ich möchte jedenfalls sehr herzlich darum bitten.

Das Wort Bethlehem ist hebräisch. Die heutigen Einwohner bezeichnen ihre Stadt mit dem arabischen Wort Beit Lachem. Ich wünsche den Bewohnern dieser Stadt, daß für sie Bethlehem eine Stadt des Friedens sein wird. Der Frieden ist nämlich das höchste Gut der Menschheit. Ich wünsche allen Menschen in dieser Region – Arabern und Israelis – einen Frieden in Gerechtigkeit. Deshalb gilt es, alle Menschen zu unterstützen, die den Frieden wollen.

Köln, August 1998

بيت لحم ٢٠٠٠

بين الماضي والحاضر

Bildlegenden zu den folgenden sieben Seiten:

Seite 11: Kalligraphie des palästinensischen Künstlers Adel Nasser. Der Text lautet: »Und das Wort ward Fleisch und wohnte unter uns, und wir sahen seine Herrlichkeit, eine Herrlichkeit als des eingeborenen Sohnes vom Vater, voller Gnade und Wahrheit« (Johannes 1, 14).

Seite 12: Luftaufnahme von Bethlehem. Die Stadt liegt 12 Kilometer südlich von Jerusalem in 750 Meter Höhe. Am unteren Bildrand verläuft die Straße von Jerusalem nach Hebron. Im Hintergrund sind Beit Sahour, die Judäische Wüste und das Tote Meer zu erkennen.

Seite 13: Blick auf Bethlehem von Beit Sahour.

Seite 14: Marktplatz in Bethlehem mit dem Glockenturm der syrisch-orthodoxen Kirche. Bauern und Händler aus der gesamten Region verkaufen hier ihre Produkte.

Seite 15: Kaffeeverkäufer. Das Kaffeetrinken spielt eine sehr wichtige Rolle in der palästinensischen Gesellschaft. Es ist ein Mittel der Kommunikation und wird unter anderem praktiziert beim Besiegeln von Vereinbarungen sowie bei Versöhnungen. Es sind traditionell die Männer, die den Kaffee zubereiten und servieren. Einer der Älteren gießt den Kaffee ein, und der Jüngste serviert ihn dann. Die Gäste bekommen ihren Kaffee in einer Reihenfolge, die durch ihr Alter und ihren Status in der Gruppe festgelegt ist. Nach dem Kaffeetrinken ist es ein häufig geübter Brauch, sich gegenseitig aus dem Kaffeesatz die Zukunft vorherzusagen.

Seite 16: Luftaufnahme von Bethlehem. Unterhalb der Bildmitte sind im Zentrum der Stadt der festungsartige Geburtskirchenkomplex und der Krippenplatz zu sehen. Östlich von Bethlehem liegt Beit Sahour mit den Hirtenfeldern und die Judäische Wüste.

Seite 17: Kirchen und Moscheen im Licht der untergehenden Sonne. Von links nach rechts: die syrisch-orthodoxe Kirche, das Minarett der Omarmoschee, die lutherische Weihnachtskirche und der Glockenturm des armenischen Klosters.

بيت لحم ٢٠٠٠

HZN

Bethlehem: Eine Stadt zwischen den Zeiten

Oh kleine Stadt von Bethlehem,
Wie stille wir dich vor uns sehen.
Über deinen tiefen und traumlosen Schlaf
Die schweigenden Sterne ziehen.
Und doch scheint in der Dunkelheit
Das immerwährende Licht.
Die Hoffnungen und Ängste all der Jahre
Richten sich heute auf dich.

Bethlehem ist nicht mehr die ruhige, kleine Stadt, wie sie in diesem Weihnachtslied beschrieben wird. Heute ist es ein geschäftiges städtisches Zentrum mit 40 000 Einwohnern, das ohne scharfe Grenzen in die benachbarten Ortschaften Beit Sahour und Beit Jala übergeht. Zu der Zeit, als Josef und Maria dort haltmachten, war Bethlehem nur ein Dorf, dessen Bevölkerungszahl Schätzungen zufolge zwischen 300 und 1000 Einwohner betrug.

Bethlehem-Lithographie von David Roberts aus dem Jahre 1839.

Links: Weihnachtsfeierlichkeiten in Bethlehem Anfang des 20. Jahrhunderts.

Der Name Bethlehem

Seinem ersten Ursprung nach könnte der Name des Ortes von *Lachma*, dem mesopotamischen Gott der Pflanzenwelt und der Fruchtbarkeit, der aus der Schöpfungsgeschichte *Enuma Elisch* überliefert ist, abstammen. Bethlehem war in allen Kulturen als ein Ort fruchtbaren Wachstums bekannt. So richteten bereits die Römer in einem Hain in der Nähe der Geburtsgrotte einen Adoniskult ein. Im Alten Testament spiegelte sich diese Besonderheit Bethlehems im Namen der Region, *Efrata*, wider, was ebenfalls *fruchtbar* bedeutet.

Der Name *Bethlehem* ist hebräisch und stammt aus der Bibel; der Begriff *Beit Lachem* ist arabisch und wird von den heutigen Bewohnern Bethlehems verwendet. Die Wörter *Beth* und *Beit* bedeuten beide *Haus*. *Lachem* heißt *Fleisch*, und *Lehem* ist ein Wort für *Brot*. Die Namen bedeuten somit *Haus des Brotes* oder *Haus des Fleisches*. Der Stadtname weist also auf einen Ort hin, in dem der Fremde willkommen ist und wo es selbst inmitten einer kargen Wüstenlandschaft im Überfluß zu essen gibt.

Im Laufe der letzten 2000 Jahre sind viele Menschen nicht nur auf der Suche nach dem zum Leben Notwendigen nach Bethlehem gekommen, sondern auch wegen der seelisch-religiösen Nahrung. In diesem Sinne zitiert Hieronymus die Worte der römischen Adligen Paula, die Ende des 4. Jahrhunderts Bethlehem besuchte:

> *Gelobt sei Bethlehem, das Haus des Brotes,*
> *In dem das Brot geboren wurde,*
> *Das uns vom Himmel kam.*
> *Gelobt sei Efrata, das reiche und fruchtbare Land,*
> *Dessen Frucht der Herr selber ist.*

Bauern, Händler und Pilger auf dem Platz vor der Geburtskirche. Foto aus der zweiten Hälfte des 19. Jahrhunderts.

Blick auf die Geburtskirche von Norden her. Am rechten Bildrand befindet sich das älteste Stadttor Bethlehems. Foto aus der zweiten Hälfte des 19. Jahrhunderts.

Bethlehem ist heute berühmt für seine arabische Gastfreundschaft, die Wärme und Freundlichkeit, mit der man empfangen wird, und für seine reichlichen und köstlichen Speisen.

Bethlehem: Historischer Überblick

Die Geschichte Bethlehems beginnt vor etwa 50 000 Jahren, als jenes Gebiet Landbrücke zwischen Afrika, Asien und Europa war. Zu dieser Zeit wanderten verschiedene Tierarten von einem Kontinent zum anderen und wieder zurück. Bei der Ausgrabung einer in etwa 15 Meter Tiefe gelegenen Zisterne wurden Knochen von verschiedenen Tierarten gefunden, darunter Panther, Elefanten, Flußpferde, Nashörner, Giraffen und Antilopen. Die von Steinwerkzeugen stammenden Markierungen an den Knochen weisen auf eine frühe menschliche Besiedlung der Region hin, ein Befund, der durch Entdeckungen in den über die Berghänge der Umgebung verstreuten Höhlen bestätigt wird.

Bethlehem selbst liegt an einer der höchsten Stellen des Gebiets, nämlich etwa 750 Meter über dem Meeresspiegel direkt auf der Wasserscheide. Seine frühe Besiedlung ist offenbar auf seine Lage zurückzuführen: Es grenzt an die fruchtbaren Gebiete Beit Sahours und Beit Jalas sowie an die Judäische Wüste im Süden und Osten.

Bei archäologischen Ausgrabungen im nahegelegenen Beit Sahour stieß man auf Funde aus der Bronzezeit, und in anderen Gebieten in der Nähe, unter anderem genau östlich der Geburtskirche, fand man 3000 Jahre alte Zeugnisse aus der Eisenzeit.

Einige Wissenschaftler glauben, in den ägpytischen Amarnabriefen aus dem 14. Jahrhundert v. Chr. einen Hinweis auf Bethlehem gefunden zu haben. König Abdi-Hepa von Jerusalem spricht von einem in der Nähe gelegenen Ort namens *Bit-Nin-Urta*, was möglicherweise nur eine bestimmte Art ist, die Heimstatt eines Fruchtbarkeitsgottes wie *Lachma* zu bezeichnen.

Das Buch Ruth des Alten Testaments nennt als erste bekannte Bewohner Bethlehems ein Paar mit den Namen Elimelech und Naomi, das vor 3200 Jahren dort lebte. Es wohnte in einem einfachen Bauerndorf, das im Verlauf einer Hungersnot um sein Überleben kämpfen mußte. Das »Haus der Speisen« war unfruchtbar geworden, und so reisten sie für eine Weile ins Land der Moabiter, das östlich des Toten Meeres lag. Die Geschichte dieses Paares ist kurz, aber es lebt, ebenso wie ihr Familienname, weiter in der Geschichte ihrer moabitischen Schwiegertochter Ruth und deren Versuch, in Bethlehem Fuß zu fassen, indem sie auf den Feldern des Landwirts Boas in der Nähe Beit Sahours Gersteähren auflas.

Das Bergdorf Bethlehem war die Heimat von Schäfern, zu denen auch Ruths Enkel Jesse und seine acht Söhne vom Stamme Juda gehörten. Der Prophet Samuel beehrte auf seiner Suche nach einem neuen König für Israel die Stadt Bethlehem mit seiner Anwesenheit. Das Los fiel auf den jüngsten jener Söhne, David, der, um nicht den Verdacht der Begünstigung aufkommen zu lassen, das nur neun Kilometer entfernte Jerusalem zu seiner Hauptstadt wählte und dort eine Dynastie gründete.

Während dieser frühen Geschichtsperiode waren die gemischte Bevölkerung und die zwischen Menschen mit unterschiedlichem ethnischen, religiösen und kulturellen Hintergrund herrschende Toleranz wichtigste Merkmale Bethlehems. Das kommt am deutlichsten zum Ausdruck in den Worten Ruths, der Moabiterin, die bei den Menschen Bethlehems Gastfreundschaft fand:

Wo du hingehst, da will auch ich hingehen.
Wo du wohnst, da will auch ich wohnen.
Dein Volk soll mein Volk sein,
Und dein Gott soll der meinige sein (1, 16).

Aber die Geschichte Ruths ist nicht die einzige ihrer Art. Einer der berühmten Richter Israels, namens Ibzan, stammte aus Bethlehem. Er war dafür bekannt, daß er seine eigenen Kinder ermutigte, Fremdstämmige zu heiraten. Davids eigene Schwester Abigail hat angeblich Jether, einen Ismaeliten, geheiratet. Als die Lage für Davids Familie schwierig wurde, sandte er sie nach Moab, ins Land seiner Großmutter Ruth, zurück, damit sie dort Zuflucht fände.

Gegen Ende des 10. Jahrhunderts v. Chr. befestigte König Rehabeam Bethlehem und machte es zur Lagerstadt für Speisen, Öl und Wein. Aber dennoch blieb Bethlehem tausend Jahre lang eine stille, kleine Stadt im Schatten Jerusalems. Ende des 6. Jahrhunderts v. Chr. kehrten lediglich 123 Exilanten aus Babylon zurück, um sich wieder in Bethlehem niederzulassen. Aber ungeachtet seiner geringen Größe sah der Prophet Micha Verheißung in ihr:

Aber du, oh Bethlehem Efrata,
Die du klein bist unter den Städten in Juda,
Von dir soll mir der kommen,
Der in Israel Herr sei,
Dessen Ursprung von Anfang und von
Ewigkeit her gewesen ist (5, 1).

So kamen dem Neuen Testament zufolge während eines unter der römischen Besatzung durchgeführten Zensus Josef und Maria ebenso wie viele andere, die ursprünglich von Bethlehem stammten, in dieses scheinbar unbedeutende Dorf, in dem die Geburt Jesu stattfand. Die Hirten und die Weisen aus dem Morgenland statteten dem Kind ihren Besuch ab, und Bethlehem sah sich der Tragödie eines paranoiden Herrschers ausgesetzt, der sämtliche kleinen Jungen töten ließ, als er von besagter Geburt hörte.

Der Evangelist Matthäus erkannte die Bedeutung der Geburt Jesu für seine Stadt und zitierte daher die Worte Michas, die er allerdings etwas veränderte:

Und du, Bethlehem im Lande Juda,
Bist keineswegs die geringste
Unter den Städten Judas;
Denn aus dir soll ein Herrscher kommen,
Der mein Volk Israel hüten soll (2, 6).

Rechts: Palästinensische Familie aus Bethlehem. Foto aus der zweiten Hälfte des 19. Jahrhunderts.

Zeittafel der Geschichte Bethlehems

50 000 v. Chr.	*Prähistorische Besiedlung Bethlehems*
2000 v. Chr.	*Kanaanitische Stadt*
1400 v. Chr.	*Möglicherweise Erwähnung in den Amarnabriefen*
1200 v. Chr.	*Besiedlungsbeginn durch den Stamm Juda*
1150 v. Chr.	*Geschichte Ruths*
1008 v. Chr.	*Prophet Samuel salbt David*
586 v. Chr.	*Zerstörung Jerusalems durch Nebukadnezar aus Babylon*
539 v. Chr.	*Beginn der Regentschaft des Perserkönigs Kyros*
333 v. Chr.	*Palästina kommt unter die Herrschaft Alexander des Großen*
303 v. Chr.	*Regierungsbeginn der ägyptischen Ptolemäer*
198 v. Chr.	*Beginn der Seleukidenherrschaft von Antiochia*
164 v. Chr.	*Judas Makkabäus besiegt die Seleukiden*
63 v. Chr.	*Eroberung Jerusalems durch den Römer Pompeius*
4 v. Chr.	*Geburt Jesu*
70	*Zerstörung des Zweiten Tempels in Jerusalem durch Titus*
135	*Hadrian besiegt Bar-Kochba und vertreibt die Juden*
313	*Kaiser Konstantin verkündet das Toleranzedikt*
326	*Besuch Helenas in Bethlehem (Stiftung der Geburtskirche)*
386	*Hieronymus kommt nach Bethlehem*
483	*Klostergründung durch Sabas*
614	*Persische Invasion*
637	*Besuch des Kalifen Omar in Bethlehem*
1100	*Krönung Balduins I. zum König von Jerusalem*
1291	*Herrschaftsbeginn der ägyptischen Mamelucken*
1516	*Eroberung Syriens und Palästinas durch die osmanischen Türken*
1920	*Beginn des britischen Mandats*
1948	*Bethlehem gerät unter jordanische Herrschaft*
1967	*Besetzung des Westjordanlandes durch die israelische Armee*
1987	*Ausbruch der Intifada*
1995	*Beginn der palästinensischen Selbstverwaltung (Autonomie)*

Etwas überraschend für den heutigen Leser übergeht das Neue Testament – von einigen Kapiteln, die von der Geburt berichten, abgesehen – die Geschichte Bethlehems fast völlig. Es muß aber dennoch in dieser Stadt irgendeine Form von christlicher Gemeinde gegeben haben, da es von einem der ersten Päpste, namens Evaristus (100-109), heißt, er habe eine heidnische Mutter und einen jüdischen Vater aus Bethlehem gehabt. Justinus der Märtyrer, ein christlicher Geschichtsschreiber des 2. Jahrhunderts aus Nablus, wußte bereits von Traditionen zu berichten, die die Geburt Jesu mit einer Höhle in der Nähe Bethlehems in Verbindung brachten.

Äußerlich gesehen blieb die Stadt klein und unbedeutend. Während des Bar-Kochba-Aufstandes von 132 bis 135 wurde sie von der römischen Armee unter Hadrian verwüstet, und ihre jüdischen Bewohner vertrieb man aus der Region. Tertullian berichtet, daß Bethlehem bis zum Beginn des 3. Jahrhunderts eine heidnische Bevölkerung hatte. Zu dieser Zeit machten römische Soldaten, die das nahegelegene Aquädukt hinterließen, Bethlehem zu einer Kultstätte für den Fruchtbarkeitsgott Adonis. Hieronymus beschrieb die Situation mit folgenden Worten:

> *Seit der Zeit Hadrians bis zur Zeit Konstantins, ungefähr 180 Jahre lang, beteten die Nichtjuden ein am Ort der Auferstehung Christi errichtetes Jupiterbildnis und am Kreuzesfelsen eine Marmorstatue der Venus an. Bethlehem, das jetzt uns gehört und das der heiligste Flecken der*

Erde ist, war von einem Hain für Tammus, das heißt Adonis, überschattet, und in der Höhle, in der einst der Messias als Säugling schrie, wurde der Geliebte der Venus beweint.

Erst im Jahre 326, nach dem Besuch Helenas, der Mutter des ersten christlichen Kaisers Konstantin, gewann Bethlehem durch den Bau einer Kirche am Ort der Geburt Christi auch eine wichtige physisch sichtbare Präsenz.

Kurz darauf erlebte die Stadt eine Blüte als Zentrum einer wachsenden Klosterbewegung. An deren Beginn stand die Ankunft des Hieronymus, der von 386 bis 420 dort lebte. Er begründete das römisch-westliche Bibelstudium, indem er eine lateinische Übersetzung der Bibel – die *Vulgata* – verfaßte. Zur gleichen Zeit kamen die römische Adlige Paula und ihre Tochter Eustochium nach Bethlehem und verwendeten ihr Vermögen dazu, die ersten Klöster und ein Hospiz für Pilger zu bauen. Darauf folgten die Mönche Chariton, Theodosius und Sabas; in der benachbarten Wüste entstanden über 100 Klöster.

Zum Zeichen für Bethlehems gewachsene Bedeutung stellte der römische Kaiser Justinian Anfang des 6. Jahrhunderts die Mittel für die Befestigung der Mauern sowie die Verschönerung der Stadt durch den Bau von Kirchen, darunter der wiederhergestellten Basilika, zur Verfügung. Arculfus, ein europäischer Pilger, hinterließ im 7. Jahrhundert folgende Beschreibung der Stadt:

Bethlehem liegt auf einem schmalen Kamm, der auf allen Seiten von Tälern umgeben ist und sich ungefähr eine Meile lang in ost-westlicher Richtung erstreckt. Rund um die flache Ebene auf der Spitze des Kamms ist eine niedrige Mauer ohne Türme gezogen, die genau an den Rand des Berges gebaut ist und die zu beiden Seiten gelegenen Täler überblickt. Im von den Mauern umgrenzten mittleren Raum verteilen sich die Bewohner über die langgezogene Achse der Stadt.

Ab dem 7. Jahrhundert erlebte die Region verschiedene Eroberungswellen, angeführt von den Persern (614). Ihnen folgten die muslimischen Araber (637), christliche Kreuzfahrer (1099), ägyptische Mamelucken (1291) sowie die osmanischen Türken (1516).

Am Weihnachtstag des Jahres 1100 wurde Balduin I. in Bethlehem zum König des christlichen Königreiches Jerusalem gekrönt. Binnen weniger Jahre wurde Bethlehem der Status eines Bistums zuerkannt.

Von den Kreuzfahrern ging eine wichtige Periode der Bautätigkeit aus. Ende des 15. Jahrhunderts war Bethlehem eine stark befestigte Stadt mit Mauern und Gräben, die von zwei massiven Türmen unterbrochen wurden: einem auf dem westlichen Berg und einem weiteren unweit der Basilika.

Im Verlauf der osmanischen Eroberungen wurden diese Befestigungen geschliffen, so daß Bethlehem beinahe 400 Jahre lang wieder ein kleines unbedeutendes Dorf war. Die Weltpolitik des 20. Jahrhunderts wirkte sich auf die Bewohner Bethlehems sehr negativ aus, wobei die Besatzungsmacht nacheinander aus den Händen der Osmanen in die des britischen Mandats, des haschemitischen Königreiches von Jordanien und schließlich in die der israelischen Militärverwaltung überging.

Während der israelischen Besatzungsperiode durchliefen die Palästinenser nach 1967 mehrere Phasen: zunächst Nichtkooperation; dann Aufrechterhaltung des Status quo; danach Isolation und am Ende aktiver Widerstand. Die Intifada, der palästinensische Volksaufstand, der entsprechend der Bedeutung des Wortes *Intifada* zu einem *Abschütteln* der Besatzungsmacht führte, dauerte von 1987 bis 1994.

Ungeachtet der für Bethlehem während der letzten Jahrzehnte kennzeichnenden Spannungen verzeichnete die Stadt in dieser Zeit ein enormes Wachstum. Ihre Grenzen erweiterten sich, und die Zahl der Bewohner stieg unablässig; die Bevölkerungszahl der Region Bethlehem lag 1992 bei 140 000; Schätzungen zufolge wird sie im Jahre 2000 auf etwa 184 000 ansteigen.

Als am 21. Dezember 1995 auf dem Krippenplatz die palästinensische Flagge gehißt wurde, begann für Bethlehem eine neue Ära, die von der Sehnsucht nach einem umfassenden und dauerhaften Frieden sowie nach regionaler Koexistenz und Entwicklung gekennzeichnet ist. Diese Hoffnungen artikulieren sich für alle Palästinenser in der Losung *Bethlehem 2000.*

Kapitel II

Die Geburtskirche

Die Geburtskirche ist eines der ältesten Kirchengebäude der Welt. Noch bedeutsamer ist die Tatsache, daß in ihr ständig Gottesdienste abgehalten wurden, seitdem Kaiser Justinian im frühen 6. Jahrhundert das Gebäude in seiner gegenwärtigen Form hatte errichten lassen.

Das erste dauerhaft benutzte Gebäude war eine der drei Kirchen, die Kaiser Konstantin im frühen 4. Jahrhundert bauen ließ, nachdem das Christentum im Römischen Reich als Religion anerkannt worden war. Bischof Makarius von Jerusalem hatte diese Forderung 325 in Nicäa auf dem Ersten Ökumenischen Konzil gestellt.

Konstantins Mutter Helena reiste 326 ins Heilige Land und besuchte die Orte, die im Leben Jesu von Bedeutung gewesen waren.

Man zeigte ihr eine Höhle außerhalb Bethlehems, in der nach frühen Überlieferungen der christlichen Gemeinden die Geburt Jesu stattgefunden haben soll. Das Lukasevangelium berichtet, daß Jesus in einer Krippe geboren wurde, weil es in der Herberge keinen Raum gab. Das Matthäusevangelium erwähnt ein Haus, in dem Josef und Maria sich aufhielten, als die drei Weisen aus dem Morgenland eintrafen. Justinus der Märtyrer bemerkt jedoch, diese Krippe habe sich in einer Höhle befunden.

Viele Hirten der Gegend hielten ihre Herden nachts in Höhlen. Außerdem waren traditionelle palästinensische Häuser oft über Höhlen erbaut. Normalerweise bestanden diese Häuser aus einem einzigen Raum, der zum Essen, Schlafen und Wohnen genutzt wurde. Er war oft in verschiedene Ebenen unterteilt, von denen die untere für die Tiere bestimmt war. So mag sich Lukas' Kommentar, Josef und Maria hätten »keinen Raum in der Herberge gefunden«, auf die überfüllte obere Ebene bezogen haben, und die beiden fanden unten einen Platz zusammen mit den Tieren. Die weitverbreitete Vorstellung, der Ort, wo sich die Krippe befand, sei ein Stall gewesen, entstammt eher westlicher Tradition.

Hieronymus berichtet, daß später der römische Kult des Adonis in einem Hain in der Nähe dieses Ortes eingerichtet wurde und daß man das ganze 2. und 3. Jahrhundert hindurch die entsprechenden Riten in dieser Höhle praktiziert hat. Und doch hielt Origenes

Links: Griechisch-orthodoxe Mönche vor dem Eingang zur Geburtskirche. Die niedrige Türöffnung stammt aus osmanischer Zeit. Der Haupteingang wurde im 16. Jahrhundert verkleinert, um Berittene auf Pferden und Kamelen am Einlaß zu hindern; zudem war der festungsartige Bau damit besser zu verteidigen.

Geschichtsdaten zur Geburtskirche

4 v. Chr.	Geburt Jesu
326	Besuch Helenas im Heiligen Land
334-339	Bau der Geburtskirche unter Kaiser Konstantin
386	Hieronymus kommt nach Bethlehem
529	Zerstörung der Geburtskirche im Samariteraufstand
540	Wiederaufbau der Geburtskirche durch Kaiser Justinian
1130	Datierung auf den Säulenmalereien
1169	Datierung auf den Wandmosaiken
1670	Reparatur des Daches und Bau der Ikonostase
1880	Erweiterung der Katharinenkirche
1934	Archäologische Bestandsaufnahme und Restauration
1997	Vorschlag für Restaurationsarbeiten

Die fünfschiffige Geburtskirche vom Glockenturm des griechisch-orthodoxen Klosters aus gesehen. Direkt nördlich hinter der Geburtskirche befindet sich die Katharinenkirche der Franziskaner.

Rechts: Die »Weihnachtsglocken« des griechisch-orthodoxen Klosters.

von Caesarea an der historischen Authentizität dieses Ortes fest, auf dem in den fest verankerten Traditionen der Bevölkerung Bethlehems bestanden wurde. Im Gegensatz zu anderen Ereignissen im Leben Jesu, für die eine Vielzahl unterschiedlicher Stätten angegeben wird, ist für seine Geburt nie ein anderer Ort genannt worden.

Das Besondere an der Kirche, die Konstantin hatte errichten lassen, bestand in einem Gebäudeteil mit achteckigem Grundriß, der eine Öffnung besaß, die zur Geburtsgrotte hinunterführte. Westlich davon befand sich eine große Basilika und im Anschluß ein von Säulen gesäumtes Atrium, das sich in Richtung auf die Stadt Bethlehem öffnete.

Als die Kirche unter Justinian im 6. Jahrhundert wiederaufgebaut wurde, vergrößerte man die Basilika; ferner fügte man drei Apsiden an der Stelle hinzu, an welcher der achteckige Gebäudeteil einst gestanden hatte. Der Zugang zur Grotte wurde durch Treppenstufen erleichtert, so daß die Betenden an diesem Ort über die Bedeutung der menschlichen Gestalt Gottes meditieren konnten.

Die meisten Besucher Bethlehems bekommen als erstes die bekannte Eingangsfassade der Geburtskirche zu Gesicht. Sie vermittelt in mancher Hinsicht einen verworrenen und überfrachteten Eindruck. Andererseits zeigt sie jedoch eine historische Entwicklung auf, in der die ununterbrochene Nutzung dieses alten Gebäudes während aufeinanderfolgender Perioden, die jeweils die Baustile verschiedener Völker und Kulturen repräsentieren, deutlich zum Ausdruck kommt.

Drei Stadien sind heute in diesem Eingangsbereich noch sichtbar. Der obere Türsturz erinnert schwach an den drei Meter breiten justinianischen Eingang, der von zwei anderen Türen flankiert wurde. Spuren der nördlichen Tür zeigen sich noch hinter den Stützpfeilern aus dem 18. Jahrhundert, während die südliche Tür hinter der Mauer des armenischen Klosters verschwunden ist. Der niedrigere, am Scheitel spitz zulaufende Bogen stammt aus der Zeit der Kreuzfahrer, als die Mauer verstärkt werden mußte und die architektonischen Stile symbolisch himmelwärts wiesen. Und schließlich nötigt die heutige niedrige Türöffnung, die in der osmanischen Periode gebaut wurde, um Berittenen auf Pferden und Kamelen den Einlaß zu verwehren, die Besucher, sich demütig hinabzubeugen, wenn sie dieses heilige Bauwerk betreten.

Stücke von zerbrochenen Säulen und Sockeln aus dem Atrium der Zeit Konstantins finden sich immer noch im Bereich der Mauern. Die Großartigkeit der Marmormosaiken und der vergoldeten Verzierungen ist seit langem verschwunden; man findet hier nun eine dunkle, abgenutzte und einfache Gedenkstätte für die bescheidenste aller Geburten.

Seite 30: Griechisch-orthodoxe Mönche während einer Prozession in der Geburtskirche.

Seite 31: Die Monolithsäulen in den beiden Seitenschiffen der Geburtskirche bestehen aus rötlichem Kalkstein und tragen korinthische Kapitelle. Die Säulensockel sind durch den erhöhten Fußboden verdeckt.

Seite 32 oben: Das Hauptschiff der Geburtskirche mit dem Altar. In der Kirchenmitte befinden sich die Bodenmosaiken aus vorjustinianischer Zeit.

Seite 32 unten: Goldfarbene Mauermosaiken in den Fensterwänden des Hauptschiffes.

Oben: Aus dem 12. Jahrhundert stammendes Heiligenbild auf einer der 5,50 m hohen Kalksteinsäulen.

Künstlerische Gestaltung des Kircheninnern

Heute befinden sich die Mauermosaiken in einem schlechten, nur teilweise erhaltenen Zustand. Besucher sind manchmal von den dunklen und undeutlichen Umrissen enttäuscht. Aber die Botschaft der Künstler ist über Jahrhunderte hinweg nicht erloschen.

Am ersten Weihnachtstag verkünden »die himmlischen Engel die Botschaft, die allem Volk widerfahren« soll. Mosaikengel verzieren in Erinnerung daran die oberen Teile der Basilika zwischen den Fenstern. Der Namenszug des Künstlers Basil, der sich dort sowohl auf lateinisch als auch auf syrisch befindet, erinnert an den völkerübergreifenden Charakter dieser Botschaft.

Die meisten dieser Dekorationen im Hauptschiff wurden im 12. Jahrhundert in der lateinischen Kreuzfahrerkirche unter dem byzantinischen Kaiser Manuel Komnenos fertiggestellt. Er hatte kein geringeres Ziel als die Wiedervereinigung einer durch Schismen gespaltenen Kirche. Eine Darstellung der sieben Ökumenischen Konzile und sechs örtlicher Konzile erinnert den Betrachter an das weit zurückreichende theologische Erbe. Die Reihe der auf den Säulen erhalten gebliebenen Heiligen verweist die Besucher auf die Mannigfaltigkeit und den Reichtum der von Christen von Norwegen bis Arabien mitgebrachten Geschenke und bietet so ein ausgewogenes Bild, das den Osten wie den Westen, den Norden wie den Süden miteinbezieht.

Bei aller Unterschiedlichkeit der Bilder bleibt das Christuskind der Mittelpunkt. Sein reiches, dem Alten Testament entstammendes Erbe erwächst aus dem Stamm Jesses. Die gesamte Dekoration der Kirche führt den Besucher durch das lange Hauptschiff in Richtung Geburtsgrotte, dem religiösen und historischen Mittelpunkt der Kirche.

Die einzigen Dekorationen, die aus der vorjustinianischen Zeit übriggeblieben sind, sind die unter dem gegenwärtigen Boden liegenden Mosaiken. Anders als die einer späteren Kunstepoche entstammenden Bilder an den Wänden, die menschliche Begebenheiten zeigen, erinnern die geometrischen Figuren der Bodenmosaiken an die jüdisch-christliche Anschauung, die von der islamischen Kunst übernommen und weiterentwickelt wurde. Diese Tradition enthielt sich solcher Bilder und versuchte, die grenzenlosen, ewigen Ideen in miteinander verknüpften, nicht endenden Abstraktionen auszudrücken.

Der Silberstern in der mit Marmor verkleideten Geburtsgrotte. Er trägt die lateinische Inschrift: Hic de Virgine Maria Jesus Christus natus est (Hier wurde von der Jungfrau Maria Jesus Christus geboren). Die 15 Lampen über dem Stern repräsentieren die verschiedenen christlichen Religionsgemeinschaften.

Ankündigung der Geburt Jesu

Lukas 1, 26-38

Und im sechsten Monat ward der Engel Gabriel gesandt von Gott in eine Stadt in Galiläa, die heißt Nazareth, zu einer Jungfrau, die vertraut war einem Manne mit Namen Josef, vom Hause David; und die Jungfrau hieß Maria. Und der Engel kam zu ihr hinein und sprach: »Gegrüßest seist du, Hochbegnadete! Der Herr ist mit dir!« Sie aber erschrak über seine Rede und dachte bei sich selbst: Welch ein Gruß ist das? Und der Engel sprach zu ihr: »Fürchte dich nicht, Maria, du hast Gnade bei Gott gefunden. Siehe, du wirst schwanger werden und einen Sohn gebären, des Namen sollst du Jesus heißen. Der wird groß sein und ein Sohn des Höchsten genannt werden; und Gott der Herr wird ihm den Thron seines Vaters David geben, und er wird ein König sein über das Haus Jakob ewiglich, und seines Reichs wird kein Ende sein.« Da sprach Maria zu dem Engel: »Wie soll das gehen, da ich doch von keinem Manne weiß?« Der Engel antwortete und sprach zu ihr: »Der heilige Geist wird über dich kommen, und die Kraft des Höchsten wird dich überschatten; darum wird auch das Heilige, das von dir geboren wird, Gottes Sohn genannt werden... Denn bei Gott ist kein Ding unmöglich.« Maria aber sprach: »Siehe, ich bin des Herrn Magd; mir geschehe, wie du gesagt hast.«

Lukas 2, 1-7

Es begab sich aber zu der Zeit, daß ein Gebot von dem Kaiser Augustus ausging, daß alle Welt geschätzt würde. Und diese Schätzung war die allererste und geschah zur Zeit, da Cyrenius Landpfleger in Syrien war. Und jedermann ging, daß er sich schätzen ließe, ein jeglicher in seine Stadt. Da machte sich auch auf Josef aus Galiläa, aus der Stadt Nazareth, in das jüdische Land zur Stadt Davids, die da heißt Bethlehem, darum daß er von dem Hause und Geschlechte Davids war, auf daß er sich schätzen ließe mit Maria, seinem vertrauten Weibe, die war schwanger. Und als sie daselbst waren, kam die Zeit, da sie gebären sollte. Und sie gebar ihren ersten Sohn und wickelte ihn in Windeln und legte ihn in eine Krippe; denn sie hatten sonst keinen Raum in der Herberge.

Koransure 19: Miriam

Erzähle, was in diesem Buch über Maria steht. Da sie sich zurückzog von den ihren nach einem gen Osten gewandten Ort und sich vor ihnen verbarg im Schleier, da sandten wir unseren Geist zu ihr, und er erschien ihr in Gestalt eines vollkommenen Menschen. Sie sprach: »Ich nehme meine Zuflucht vor dir bei dem Allerbarmer; laß ab von mir, wenn du Gottesfurcht hast.« Er antwortete: »Ich bin nur ein Gesandter deines Herrn, auf daß ich dir einen reinen Sohn beschere.« Sie sprach: »Wie soll mir ein Sohn werden, wo mich kein Mann berührt hat und ich auch nicht unkeusch gewesen bin?« Er antwortete: »So ist's; dein Herr aber spricht: ›Es ist mir ein Leichtes‹, und wir tun dies, auf daß wir ihn zu einem Zeichen machen für die Menschen und zu einer Barmherzigkeit von uns, und es ist eine beschlossene Sache.«

Und sie empfing ihn und zog sich mit ihm an einen entlegenen Ort zurück. Und die Wehen der Geburt trieben sie zum Stamm einer Palme. Sie sprach: »O wäre ich doch zuvor gestorben und wäre ganz und gar vergessen!« Da rief es ihr von unten her zu: »Betrübe dich nicht. Dein Herr hat unter dir ein Bächlein fließen lassen. Und schüttle nur den Stamm der Palme gegen dich; sie wird frische reife Datteln auf dich fallen lassen. So iß und trink und kühle dein Auge.«

In der Geburtskirche wird der Gottesdienst in der griechisch-orthodoxen Tradition abgehalten. Hervorstechend ist die Ikonostase, die dreiteilige Ikonenwand, welche die Kirchengemeinde vom Allerheiligsten und den Mysterien Gottes trennt und so den Tempel im Alten Testament zum Vorbild nimmt. Es besteht hier allerdings ein wichtiger Unterschied, insofern die Königspforte der Wand sich bei der Lesung des Evangeliums für die Gottesdienstbesucher öffnet. Vor den wichtigsten Ikonen, die nicht einfach als bloße Bilder, sondern als Fenster zu Gott gesehen werden, findet der Betende die Gemeinschaft mit dem Göttlichen. Kennzeichnend für die byzantinische Ästhetik mit ihrer Vielfalt der Bilder und der ausgiebigen Verwendung von Gold und Silber ist eine reichhaltige Ausschmückung. Der russische Theologe Nikolas Zernov beschreibt diesen Gottesdienst so:

> *Die östliche Liturgie ist für die orientalischen Christen die Grundlage der Inspiration. Die Liturgie appelliert an sämtliche menschlichen Sinne; die Augen des Gläubigen bewundern die Schönheit der heiligen Ikonen. Seine Ohren lauschen den Hymnen. Der Weihrauch umgibt ihn mit einem aromatischen Duft, sein Körper verherrlicht den Schöpfer mittels symbolischer Handlungen, und sein Geist wird erhöht für die Anbetung des himmlischen Vaters.*

In der katholischen Katharinenkirche, die auf dem Fundament des Hieronymusklosters erbaut wurde, wird die römisch-katholische Form des Gottesdienstes praktiziert. Der Altar, an dem die Messe zelebriert wird, nimmt eine zentrale Stellung ein. Die römische Ästhetik bevorzugt Einfachheit, Offenheit und Licht. Der Betende betrachtet das Wunder Gottes aus einiger Entfernung, kommt aber dann nach vorne, um in der Kommunion direkt an der Messe teilzuhaben.

Links und unten: Andacht armenischer Christen vor dem Geburtsaltar. Rechts befindet sich auf beiden Bildern der Altar der Heiligen Drei Könige.

Seite 38: Der griechisch-orthodoxe Patriarch an Weihnachten in der Geburtsgrotte.

Seite 39: Griechisch-orthodoxe Mönche beim Gebet vor der Ikonostase.

Die Grotte des Hieronymus

Hieronymus, einer der bedeutendsten lateinischen Kirchenlehrer, verbrachte 34 Jahre seines Lebens in Bethlehem. Er hatte Rom während der Invasion der Westgoten im Jahre 384 verlassen und lebte seit 386 in Bethlehem. Hieronymus widmete sein Leben im Kloster der Einhaltung strenger Disziplin und der Buße. Als Theologe leistete er einen großen Anteil zur Überbrückung der Kluft zwischen der römisch-westlichen und der byzantisch-östlichen Kirche.

Der theologische Hauptbeitrag von Hieronymus bestand im kritischen Studium lateinischer Bibelmanuskripte und ihrem Vergleich mit den hebräischen und griechischen Originaltexten. Im Auftrag des Papstes Damasus I. verfaßte er die »Vulgata«, die bedeutendste Übersetzung der Bibel in die lateinische Sprache. Sie blieb bis zum Zweiten Vatikanischen Konzil (1962-1965) die maßgebliche Version der Römischen Kirche.

Zu gleicher Zeit wie Hieronymus kam auch eine römische Adlige namens Paula mit ihrer Tochter Eustochium nach Bethlehem. Als Nachkomme der führenden römischen Familien der Gracchen und Scipien benutzte sie ihr Vermögen, um ein Kloster für Hieronymus und seine Anhänger zu bauen, ferner eines für viele ihrer Schwestern, die ebenso wie sie die patrizische Gesellschaft Roms zugunsten eines spirituellen Lebens in Bethlehem verließen. Außerdem richtete sie ein Hospiz für Pilger ein.

Unterhalb der nördlichen Apsis der Geburtskirche befindet sich die Grotte des Hieronymus, in der Hieronymus und Paula begraben sind. Grabstätten früheren Datums aus dem 1. und 2. Jahrhundert bezeugen, daß diesem Ort schon früh große Bedeutung beigemessen wurde.

Pilger

Bischof Eusebius von Caesarea, der das Wirken Konstantins für den Bau der Geburtskirche aufzeichnete, erkannte, daß dies einen tiefgreifenden Einfluß auf Palästina haben würde, »da aus dieser Quelle der Fluß des Lebens zur Menschheit hin weiterfloß«. Mit dem Bau von Kirchen begann das Zeitalter der Wallfahrten. Seit dieser Zeit wurde das Land oft als das fünfte Evangelium betrachtet, und der Ausdruck »Heiliges Land« wurde gebräuchlich.

Im Laufe der Jahrhunderte haben Tausende von Christen Wallfahrten nach Bethlehem unternommen, und jetzt, am Ende des zweiten Jahrtausends, kommen Besucher aus der ganzen Welt; der Tourismus ist heute einer der bedeutendsten Geschäftszweige im gesamten Nahen Osten.

Pilgerkreuz in einer der Monolithsäulen.

Pilgerchronologie

333	*Pilger aus Bordeaux*
361	*Eustathios von Armenien*
381-384	*Egeria von Spanien*
386	*Brief des Hieronymus an Marcella*
570	*Pilger von Piacenza*
780	*Bischof Willibald von Eichstätt*
1106/1107	*Abt Daniel aus Rußland*
1219/1220	*Franz von Assisi*

Pilgerbericht von Otto von Neuhaus (1333)

Ich gelangte in einem Tage zur heiligen Stadt Bethlehem, die nicht als die unwichtigste gelten muß unter den ersten. Der Weg dahin ist zum Teil sehr hübsch und etwas waldig. An der Geburtsstätte der Sonne der Gerechtigkeit wurde eine sehr heilige und sehr schöne, ziemlich große Kirche erbaut; sie ist mit Blei gedeckt und mit Marmorwerk und Gemälden, welche die Abstammung Christi darstellen, geschmückt. Ich meine, daß ich eine so hübsche Kirche nie sonst irgendwo auf der Welt gesehen habe; sie war mit Mauern, Türmen und Vorwerken gut geschützt. In bezug auf Ausdehnung ist Bethlehem ein kleines Städtchen, langgestreckt und an beiden Seiten eingeengt, von Natur durch tiefe Täler gut geschützt. Seine Einwohner sind meist Christen, freilich Schismatiker, und ihr Gebiet liefert eine Menge trefflichen Weines.

Altar mit Ikonenwand in der Geburtskirche. Lithographie von David Roberts aus dem Jahre 1839.

Brief des Hieronymus an die römische Adlige Marcella (386)

Die Zeit gestattet mir nicht, die Bischöfe, die Märtyrer, die Geistlichen aufzuzählen, die aus dem Gefühl heraus nach Jerusalem gekommen sind, ihre Frömmigkeit und ihr Wissen seien unvollständig und ihre Tugend ohne die letzte Bestätigung, solange sie nicht Christus an genau jenem Ort angebetet hätten, an dem das Evangelium zum ersten Mal vom Kreuzbalken herabkam.

Jeglicher Mann von einiger Bedeutung eilt sich, hierherzukommen. Sie alle versammeln sich hier und erwerben sich in dieser einen Stadt die unterschiedlichsten Verdienste. Ungeachtet ihrer unterschiedlichen Sprachen hängen sie ein und derselben Religion an, und fast jede Nation hat ihre eigene Stimme.

Da jeder dasjenige am meisten preist, was ihm am nächsten ist, wende ich mich jetzt der Herberge zu, die Jesus und Maria Schutz bot. Mit welchen Worten könnte ich Euch die Höhle des Retters vergegenwärtigen?

Man denke nur, daß in dieser ärmlichen Erdspalte der Schöpfer des Himmels und der Erde geboren wurde; hier wurde Er in Windeln gewikkelt; hier wurde Er von den Hirten gesehen; hier wurde Er durch den Stern angezeigt; hier wurde Er von den Weisen angebetet. Dieser Flecken ist heiliger, so meine ich, als jener tarpische Felsen [auf dem der Tempel des Jupiter in Rom gegründet wurde], von dem sich durch die Häufigkeit, mit der er vom Blitz getroffen worden ist, herausgestellt hat, daß er Gott nicht wohlgefällig ist.

Pilgerreise des russischen Abtes Daniel (1106/1107)

Ich, Daniel, ein unwürdiger Abt aus Rußland, der geringste unter den Mönchen, voll Unbehagen aufgrund meiner vielen Sünden und der Mangelhaftigkeit meiner guten Werke, wurde erst vom Gedanken und dann von einer ungeduldigen Sehnsucht ergriffen, die heilige Stadt Jerusalem und das Gelobte Land zu sehen.

Ich habe dieses [Tagebuch] für die Gläubigen geschrieben, so daß sie, indem sie darin die heiligen Stätten beschrieben finden, geistig zu ihnen hingebracht werden mögen, aus den Tiefen ihrer Seele, und so von Gott denselben Lohn erhalten wie diejenigen, die sie besucht haben.

Viele tugendhafte Menschen erreichen durch das Verrichten guter Werke und durch Wohltätigkeit für die Armen die heiligen Stätten, ohne ihre Heimat zu verlassen, und erweisen sich so einer größeren Entschädigung durch unseren Gott und Retter Jesus Christus würdig. Andere, unter denen ich an erster Stelle stehe, bilden sich, nachdem sie die heilige Stadt Jerusalem und die heiligen Stätten besucht haben, ein, sie hätten etwas Verdienstvolles getan, und verlieren so die Früchte ihrer Arbeit. Und dann wiederum kehren andere, die die Wallfahrt gemacht haben, zurück, ohne doch viele wertvolle Dinge gesehen zu haben, so begierig waren sie, nach Hause zurückzukehren; denn diese Reise kann nicht schnell unternommen werden, noch kann man in Eile durch alle heiligen Stätten in Jerusalem und anderen Orten hindurchhasten.

Pilger vor der Geburtskirche. Foto vom Ende des 19. Jahrhunderts.

Reisebericht von Ida Pfeiffer aus Wien (Juni 1842)

Die Kirche ist nahe an der Stadt auf derselben Stelle erbaut, wo Christus geboren wurde. Das Ganze ist mit einer Festungsmauer umgeben, und eine ganz niedere, schmale Pforte führt hinein. Vor dieser Festung breitet sich ein schöner und gut gepflasterter Platz aus. Sowie man das Pförtchen hinter sich hat, befindet man sich schon in der Vorhalle oder eigentlich im Schiff der Kirche, die leider mehr als halb zerstört ist, einst aber unter die schönsten und größten gehört haben mag. Noch sieht man an den Wänden einige Spuren von Mosaik. Zwei Reihen von hohen, schönen Säulen, 44 an der Zahl, durchschneiden das Innere, und das Sparrwerk, das aus Zedernholz vom Berge Libanon gemacht sein soll, sieht wie neu aus. Unter dem Hochaltar dieser großen Kirche liegt die Grotte, in welcher Christus geboren wurde. Zwei Treppen führen hinab, die eine gehört den Armeniern die andere den Griechen. Die Lateiner gingen leer aus. Die Wände und der Fußboden sind mit Marmor ausgetäfelt. Eine Marmorplatte bezeichnet die Stelle, von wo das wahrhafte Licht ausgegangen ist. Eine strahlende Sonne, im Hintergrund dieser Platte angebracht, erhält ihr Licht von vielen, immerwährend brennenden Lampen.

Kapitel III

Das Christentum in Bethlehem

Das palästinensische Christentum

Mit der Aussendung des Heiligen Geistes an Pfingsten war die Kirche in Palästina geboren. Von diesem Zeitpunkt an ist in Bethlehem immer eine ortsansässige Kirche präsent gewesen. Wie Justinus der Märtyrer und Origenes bezeugen, waren es während der ersten Jahrhunderte die Angehörigen dieser Kirche, die die Erinnerung an Jesu Geburt in Bethlehem lebendig hielten. Als Bethlehem später unter die Oberherrschaft einmal dieser, dann wieder der anderen nationalen Macht geriet, sorgte die örtliche Kirche selbst zu Zeiten, in denen ungünstige Umstände Mut und Ausdauer erforderten, für die Kontinuität des Gebets. Während dieser ganzen 2000jährigen Geschichte paßten sich die ortsansässigen Christen immer an die ständig wechselnden Gegebenheiten an, ob diese nun von den Syrern, den Römern, den Griechen, den Arabern – um nur einige zu nennen – bestimmt waren. Heute hat sich eine starke einheimische Kirche mit einer engagierten Führung entwickelt, so daß die Pastoren, Priester, Nonnen, Lehrer und Verwaltungsbeamten fast alle Palästinenser sind.

Seite 44: Blick aus der Geburtskirche. Die beiden Männer gehören zur Ehrengarde des griechisch-orthodoxen Patriarchen.

Oben: Syrisch-orthodoxer Priester mit aramäischer Bibel.

Links: Junge Christin aus Bethlehem.

Weihnachtsgottesdienst der Armenier mit dem armenischen Patriarchen und dem Bürgermeister von Bethlehem, Hanna Nasser.

Christliche Glaubensgemeinschaften in Bethlehem

Das Christentum in Palästina war von Anfang an durch seine unterschiedlichen Strömungen gekennzeichnet. Seit dem 1. Jahrhundert koexistierten verschiedene christliche Gemeinschaften im Heiligen Land. Heute besteht die Herausforderung darin, die Einheit in der Verschiedenheit zu leben.

Pfingsten ist der Geburtstag der Kirche überhaupt, und aus diesem Grund wird die Jerusalemer Kirche als die Mutter aller Kirchen betrachtet. Seit diesem Zeitpunkt hat es in der christlichen Präsenz in Palästina keine Unterbrechung gegeben.

Das griechisch-orthodoxe Patriarchat Jerusalems ist die älteste Institution ihrer Art und wurde auf dem Konzil von Chalcedon 451 eingerichtet. Diese Kirchengemeinde ist eine der ältesten in Bethlehem; sie zählt heute 2000 Mitglieder, und Bethlehem ist zugleich Bischofssitz.

Die Gründung der griechisch-katholischen Kirche im Heiligen Land geht auf das 17. Jahrhundert zurück und war das Resultat römisch-katholischer Missionstätigkeit unter den griechisch-orthodoxen Christen. Der Name »griechische Katholiken« demonstriert die Identität dieser Kirche, die die byzantinische Liturgie der griechisch-orthodoxen Kirche beibehielt, während sie eine Union mit Rom einging. Aus diesem Grund wurde sie als autonomes Patriarchat anerkannt. Die griechisch-katholische Kirche in Bethlehem wurde 1964 eingeweiht; die Gemeinde besteht aus etwa 500 Mitgliedern.

Im Jahre 301 erklärte Armenien, beinahe 20 Jahre vor Beginn der konstantinischen Ära, das Christentum zu seiner offiziellen Religion. Armenische Pilger kamen schon im 4. Jahrhundert erstmals ins Heilige Land, und in Jerusalem siedelte sich eine ständige Gemeinde an. Im Jahre 1337 wurde in Jerusalem das armenische Patriarchat eingerichtet, und in Bethlehem existiert seit dem Mittelalter eine armenische Gemeinde. Während die armenische Gemeinde Jerusalems im 20. Jahrhundert – zum Teil als Resultat der von den Massakern im Osmanischen Reich ausgelösten Auswanderung – erheblich gewachsen ist, besteht die Bethlehemer Gemeinde heute nur aus etwa 40 Familien.

Die Geschichte der evangelisch-lutherischen Kirche im Heiligen Land begann im Jahre 1841, als in Jerusalem ein anglo-preußisches Bistum gegründet wurde. Der zweite Bischof, Samuel Gobat, welcher der reformierten Kirche in der Schweiz angehörte, wurde vom preußischen König Friedrich Wilhelm IV. nominiert und vom Erzbischof von Canterbury eingesetzt. Man erinnert sich seiner aufgrund der Bischof-Gobat-Schule; er gründete aber außerdem 1854 eine protestantische Schule in Bethlehem. 1860 wurde für die wachsende Glaubensgemeinschaft eine Kapelle erbaut. Die evangelisch-lutherische Weihnachtskirche wurde 1893 eingeweiht. Die lutherische Gemeinde umfaßt derzeit etwa 350 Mitglieder.

Oben: Prozession an Heiligabend mit dem lateinischen Patriarchen von Jerusalem zur Geburtsgrotte.

Links: Die berühmte Mitternachtsmesse an Heiligabend in der Katharinenkirche.

Die syrisch-orthodoxe Kirche hat ihre Wurzeln, die auf das 5. und 6. Jahrhundert zurückgehen, in Großsyrien, Kleinasien und Mesopotamien. Seit 1471 hat Jerusalem den Status eines ständigen syrischen Bistums. Die ersten syrischen Christen müssen sich etwa um 1838 in Bethlehem angesiedelt haben. Die meisten der syrischen Christen kamen in Folge der Massaker in der Türkei zu Beginn dieses Jahrhunderts nach Bethlehem. Die Kirche des Heiligen Ephraim, benannt nach dem bedeutenden syrischen Theologen, wurde 1935 eingeweiht. Heute ist die syrische Gemeinde die drittgrößte in Bethlehem und besteht aus etwa 1000 Mitgliedern.

Franz von Assisi bereiste das Heilige Land 1219 bis 1220. Nach der Zeit der Kreuzzüge waren die Franziskaner seit 1336 ununterbrochen in Palästina ansässig.

Der ursprüngliche Kern einer unabhängigen römisch-katholischen Kongregation in Bethlehem entstand im Jahre 1550. Die heutige Katharinenkirche, die 1880 gebaut wurde, ruht auf den Fundamenten der römisch-katholischen Kirche des Mittelalters. Die römisch-katholische Kirchengemeinde ist mit annähernd 3000 Mitgliedern die größte Bethlehems.

Die Grotte des Hieronymus unterhalb der nördlichen Apsis der Geburtskirche. Von der Grotte, die einen Altar des Hl. Hieronymus enthält, führt ein Gang in die Wohn- und Arbeitszelle des Kirchenlehrers.

Links: *Franziskanermönch im Garten der Katharinenkirche, die zwischen 1881 und 1888 erbaut wurde.*

Rechts: *Die Hieronymusstatue vor der Katharinenkirche. Der Totenschädel am Fuß des Denkmals ist sowohl ein Symbol für das asketische Leben des Heiligen als auch für die Sterblichkeit der Menschen.*

Unten: *Der Kreuzgang des Hieronymusklosters aus dem 12. Jahrhundert. Von den ursprünglich 64 Doppelsäulen sind nur 20 erhalten geblieben.*

Der Glockenturm des griechisch-orthodoxen Klosters an der Südostseite der Geburtskirche. Das Konventsgebäude stammt aus mehreren Epochen.

Seite 51 oben: Säulenrelief am Eingang zur Milchgrotte. Es zeigt Maria und Josef nach der Geburt Christi auf der Flucht nach Ägypten.

Seite 51 unten: Altar in der Milchgrotte. Über der Grotte errichteten die Franziskaner 1494 ein Kloster. Die heutige Kapelle stammt aus dem Jahre 1872.

Das griechisch-katholische Kloster in Beit Sahour.

Die Milchgrotte

Unweit hinter der Geburtskirche befindet sich am Straßenrand die Milchgrotte. Die über ihr errichtete Kapelle symbolisiert eine Verbindung von mittelalterlicher katholischer Spiritualität und volkstümlicher Religion.

Der Überlieferung zufolge machten Maria und Josef auf ihrer Flucht nach Ägypten vor den Soldaten des Herodes in dieser Höhle Rast, damit Maria das Jesuskind stillen konnte. Als ein Tropfen Milch auf den Stein fiel, färbte dieser sich weiß. Daher besuchen auch heute noch viele Menschen diesen Ort.

In Praktizierung einer volkstümlichen Form von Religion besuchen viele Paare, denen der Kinderwunsch bisher unerfüllt blieb, die Kapelle und nehmen sich ein kleines Stück von dem weißen Stein mit, um es unter ihrer Matratze aufzubewahren. Andere Frauen legen ein Gelübde ab, mit dem Ziel, über reichlich Milch zum Stillen zu verfügen.

Weihnachten in Bethlehem

Niemand weiß genau, wann Jesus geboren wurde. Die Evangelien geben kein Datum für die Feier von Christi Geburt an. Paulus sagt in seinem Brief an die Galater lediglich, Jesus sei »zu gegebener Zeit« geboren worden. In gewissem Sinne wird Christi Geburt an jedem Tag des Jahres gefeiert, nämlich jedes Mal, wenn Pilger ihre eigene Beziehung zu diesem bedeutsamen Ereignis herstellen.

In der Frühzeit der Kirchengeschichte war eine Reihe verschiedener Daten für Christi Geburt im Umlauf, die im allgemeinen in den Frühling oder Herbst fielen. Als jedoch das Christentum unter Konstantin als Religion anerkannt wurde, widmete man den Einzelheiten des Lebens Jesu mehr Aufmerksamkeit. Zur selben Zeit, zu der Helena versuchte herauszufinden, wo Jesus geboren war, erkannten andere die Wichtigkeit eines gemeinsamen Zeitpunktes zur Feier der Geburt. In Rom wurde beschlossen, das Datum des 25. Dezember als das angemessene zu betrachten, da die Römer bis dahin während der Wintersonnenwende zu Ehren des Sonnengottes das dreitägige Fest *Sol Invictus* (Die unbesiegbare Sonne) gefeiert hatten. Da Jesus als das *Licht der Welt* verkündet wurde, war die Ersetzung des einen Festes durch das andere ein ganz natürlicher Vorgang. Die erste überlieferte Feier eines Festes zu Christi Geburt am 25. Dezember fand im Jahre 338 in Rom statt. Der 25. Dezember wurde zum akzeptierten Datum für das Lesen der Messe zu Christi Geburt (mass of Christ's birth) – daher das englische Wort *Christmas* für dieses Fest, das im Deutschen Weihnachten genannt wird.

In der Ostkirche wurde jedoch der 6. Januar bald zu einem beliebteren Datum. Im Westen war dies das Datum des Dreikönigsfestes, der Ankunft der drei Weisen aus dem Morgenland. Die Situation wird dadurch kompliziert, daß der Julianische Kalender keine zusätzlichen Tage, wie in den Schaltjahren des modernen Kalenders, zuließ, und so verschob sich das Kalenderjahr gegenüber den Jahreszeiten. Deshalb wurde ein revidierter Kalender, der heute als Gregorianischer Kalender bekannt ist, angenommen. Armenien aber akzeptierte diese Neuerung nicht und befindet sich daher in einem zeitlichen Abstand von zwölf Tagen gegenüber der orthodoxen Kirche. So kommt es, daß der armenische Weihnachtsfeiertag der 18. Januar ist. Aufgrund dieser Entwicklungen gibt es heute in Bethlehem drei offizielle Weihnachtsfeiern: 24./25. Dezember – katholisch und protestantisch, 6. Januar – orthodox und 18. Januar – armenisch.

Am 24. Dezember feiern die römisch-katholische Kirche und die protestantischen Kirchen Heiligabend. Der Feiertag beginnt um 11 Uhr vormittags, wenn verschiedene Würdenträger sich zu Rahels Grab begeben, um den lateinischen Patriarchen von Jerusalem in Empfang zu nehmen. Dann folgt ein langer Festzug, in dem verschiedene Pfadfindergruppen den Patriarchen zum Krippenplatz geleiten. Um 1 Uhr nachmittags findet der offizielle Willkommensgruß auf dem Krippenplatz statt, bei dem alle Franziskaner und Seminaristen in liturgischen Gewändern anwesend sind und nach dessen Beendigung die kirchlichen Würdenträger den Patriarchen zur Geburtskirche begleiten.

Abends folgen dann Chorgesänge und ein Feuerwerk auf dem Krippenplatz. Der Höhepunkt des Abends ist die mitternächtliche römisch-katholische Messe in der Katharinenkirche, während die ganze Nacht hindurch weitere Messen in der Geburtsgrotte zelebriert werden.

Links: Die Geburtskirche im weihnachtlichen Lichterglanz.

Unten: Politische und kirchliche Würdenträger begleiten den syrisch-orthodoxen Bischof bei den Weihnachtsfeierlichkeiten.

PBC
Merry Christmas

JCS

Seite 54 und 55: Tausende von Palästinensern, Pilgern und Touristen versammeln sich am 24. Dezember auf dem Krippenplatz. 1995 fanden die Weihnachtsfeierlichkeiten erstmals nach dem Abzug der israelischen Armee statt.

Oben: Weihnachtsumzug palästinensischer Pfadfinder im Zentrum von Bethlehem.

Rechts: Dudelsackspieler der palästinensischen Polizei vor der Geburtskirche. Im Hintergrund der Glockenturm des armenischen Klosters.

Kapitel IV

Bethlehem und Umgebung

Beit Sahour

Die heutige Kleinstadt Beit Sahour ist vermutlich Mitte des 13. Jahrhunderts erbaut worden, obwohl sie in der westlichen Literatur bis 1591 nicht erwähnt wird. Die alte Tradition der Stadt scheint in dem Namen *Beit Sahour* bewahrt zu sein, der *das Haus der Wachsamkeit* bedeutet, womit auf die Hirten angespielt wird, die die Nacht mit ihrer Herde durchwachen. Auch heute sieht man Hirten mit ihren auf den Berghängen der Umgebung grasenden Herden.

Aufgrund des fruchtbaren Bodens arbeiten viele Bewohner in der Landwirtschaft. In gewissem Sinne bewahren auch sie eine biblische Tradition, nämlich die von Ruth, die in den Feldern des Boas Ähren sammelte – eine Geschichte, die sich ja ebenfalls in diesem Gebiet abgespielt hat.

Beit Sahour ist dem Wesen nach ein großes Dorf mit einer Sozialstruktur, die auf weitverzweigten Familienclans basiert. Die Stadt verfügt über einen starken gesellschaftlichen Zusammenhalt, und so hat es wenig Ein- oder Auswanderung gegeben, wie sie für das benachbarte Bethlehem typisch ist. Die Bevölkerungsstruktur ist daher ziemlich konstant geblieben.

Beit Sahour hat unter den Ortschaften der Region den höchsten Anteil an Christen. Von den gegenwärtig etwa 11 000 Einwohnern sind ungefähr 83 Prozent Christen. Dies entspricht in etwa dem Prozentsatz der Volkszählung von 1914. Im frühen 19. Jahrhundert gab es vermutlich einen höheren muslimischen Bevölkerungsanteil. Während der ägyptischen Rebellion gegen die Osmanen 1831 bis 1839 wurden jedoch viele Muslime in die Armee von Ibrahim Pascha eingezogen. Seit dieser Zeit ist Beit Sahour eine hauptsächlich christliche Ortschaft.

Die Religionszugehörigkeit der Bewohner von Beit Sahour setzt sich folgendermaßen zusammen: griechisch-orthodox 5749, römisch-katholisch 919, griechisch-katholisch 528, protestantisch 105, syrisch-orthodox 44 und muslimisch 1650.

Die Intifada in Beit Sahour

In den Jahren der Initifada wurde Beit Sahour bekannt als Zentrum für gewaltfreien Widerstand. Während des Aufstandes war die Stadt die einzige Gemeinde, die einen breit angelegten Steuerboykott gegen die Besatzungsmacht Israel organisierte. Unter dem Motto *Keine Besteuerung unter der Besatzung* und *Keine Besteuerung ohne Stimmrecht* verdeutlichten die Bewohner in einem Flugblatt ihre Position folgendermaßen:

Wir betrachten die Besatzung eines Volkes durch ein anderes als klare Verletzung internationaler Gesetze wie Religionen. Sie widerspricht den elementaren Menschenrechten und der Demokratie. Die israelische Politik der Steuereintreibung widerspricht internationalen Vereinbarungen, insbesondere der Genfer und der Haager Konvention. In den 22 Jahren der Besatzung haben die israelischen Behörden bis heute keine Rechenschaft über die Steuerausgaben im Westjordanland vorgelegt.

Links: Frühlingswiese südlich von Bethlehem.

Blick auf Beit Sahour mit der griechisch-orthodoxen Kirche und der Moschee im Zentrum der Stadt. Beit Sahour war während der Intifada eine der Hochburgen des palästinensischen Widerstandes gegen die israelische Besatzungsmacht. In der Stadt gibt es heute einige wichtige Industriebetriebe.

Die Bewohner wiesen dann im einzelnen auf die sozialen Leistungen hin, die ihrer Stadt vorenthalten wurden, darunter unter anderem Erziehung und Ausbildung, Gesundheitsfürsorge, Wasser und Elektrizität. Das Flugblatt endete mit folgenden Worten:

> *Aus diesen Gründen – und als Konsequenz unserer Überzeugung, daß das Geld, das durch die hohen Steuern, die wir bezahlen, eingenommen wird, für Munition und Tränengas ausgegeben wird, die benutzt werden, um unsere Kinder zu töten – haben wir beschlossen, keine Steuern mehr zu bezahlen.*

In der Folge wurden strenge Strafen gegen die Bewohner Beit Sahours verhängt. Hierzu gehörten die Beschlagnahme von Eigentum im Wert von zwei Millionen Dollar, strenge Ausgangssperren, Hausarrest von 40 Tagen, Sperrung der Telefonverbindungen und die Inhaftierung der politischen Führung. Dennoch funktionierte die Stadt aufgrund der vor Ort vorhandenen Entschlossenheit und einer großen Zahl privat finanzierter Sozialprogramme, Krankenhäuser und Rehabilitationszentren weiter. Erziehung und Ausbildung behalten auch jetzt höchste Priorität, und Beit Sahour zeichnet sich immer noch durch den höchsten Prozentsatz von Universitätsabsolventen unter den Palästinensern aus.

Beit Sahour hat ferner die Tradition eines weihnachtlichen Lichterzuges begründet, der das Engagement des Ortes für Frieden und Gerechtigkeit symbolisiert. In den letzten Jahren haben auch dialogbereite Israelis an diesen Märschen teilgenommen. Mit dem Ende der israelischen Besatzung konzentrieren sich die Aktivitäten jetzt auf drohende Landbeschlagnahmen und den Bau jüdischer Siedlungen auf dem benachbarten Jebal Abu Gneim (Har Homa).

Die Hirtenfelder

Und es waren Hirten in derselben Gegend auf dem Felde bei den Hürden, die hüteten des Nachts ihre Herde (Lukas 2, 8).

Mit diesen Worten stellt Lukas die Hirten vor, die die weihnachtlichen Engel sahen und sich aufmachten, das Kind Jesus in der Krippe zu sehen. Diese Überlieferung ist lange Zeit mit der heutigen Ortschaft Beit Sahour, die etwa ein Kilometer östlich von Bethlehem liegt, in Verbindung gebracht worden.

Hieronymus zufolge war dies der Ort des *Migdal Eder*, des *Turms der Herde*, wo Jakob auf seiner auf den Tod Rahels folgenden Wanderung nach Hebron seine Herde grasen ließ (1 Mose 35, 21). Der Name Migdal Eder ergab sich daraus, daß in diesem Gebiet Wachttürme für die Hirten standen, von denen aus sie ihre grasenden Herden im Auge behalten konnten. Schon Hieronymus hatte diese Türme gesehen, und ihr Anblick ist auch jetzt noch für die Region von Beit Sahour typisch. Die *Mischna*, eine Sammlung von jüdischen Lehrsätzen, bestätigt, daß die Opfertiere für den Tempel im Gebiet von Migdal Eder weideten.

Das griechisch-orthodoxe Hirtenfeld mit der 1972 erbauten Kirche. Das katholische Hirtenfeld befindet sich etwa einen Kilometer nordwestlich von dieser Stelle.

Palästinensisches Dorf zwischen Bethlehem und der Judäischen Wüste.

Später bezieht sich der Prophet Micha (4, 8) auf diese Stelle, als er von dem kommenden Messias spricht: »Und du, Turm der Herde, du Feste der Tochter Zion, zu dir wird kommen und wiederkehren die frühere Herrschaft, das Königtum der Tochter Jerusalem.«

Dieses Thema wurde auch in den *Targumen* – den aramäischen Übersetzungen der Thora – in 1 Mose 35, 21 behandelt. Sie identifizieren die von Jakob aufgesuchten Felder mit dem Ort, an dem der messianische König offenbart werden würde.

Es ist daher nicht überraschend, daß die frühchristliche Überlieferung den weihnachtlichen Hirten einen ganz bestimmten Ort zuwies. Aus den Berichten zahlreicher Pilger geht hervor, daß der Name *Hirtenfeld* sich eingebürgert hatte, und ihre Beschreibungen sprechen von einem Gebetsaltar innerhalb einer Höhle, die ihrerseits in einem ummauerten Gartenareal lag. Spätere Berichte erwähnen außerdem ein Hirtenkloster.

Seit dem 5. Jahrhundert enthielten die alten Liturgien zu Weihnachten auch eine Nachtwache, die an Heiligabend stattfand, bevor eine Prozession zur Geburtskirche in Bethlehem sich in Bewegung setzte.

Die literarischen Überlieferungen, in denen vom Hirtenfeld die Rede ist, werden noch etwas komplizierter durch die Tatsache, daß Archäologen mehrere verschiedene Orte entdeckt haben, wo es gelegen haben könnte. An der Nordgrenze von Beit Sahour liegt *Siyar el-Ghanam*, der Ort, *an dem Schafe gehalten werden*. Hier liegen Beweise vor, daß das Gebiet seit der Zeit des Neuen Testaments bewohnt war; es gibt auch die Überreste eines alten Turms und von Olivenpressen. Es finden sich zudem Reste einer Kirche aus dem späten 4. Jahrhundert sowie eines Klosters, das vom 6. bis zum 8. Jahrhundert bestand, zu dem eine Bäckerei, Weinpressen und Viehpferche gehörten; auch Teile einiger Mosaiken mit griechischen Inschriften sind vorhanden. Heute verwalten die Franziskaner dieses Gebiet. 1954 wurde eine moderne Kirche erbaut, die vor allem durch ihren Altar mit seinen palästinensischen Skulpturen bekannt ist.

Ein weiterer in Frage kommender Ort ist als *Kaniset el-Ruat*, die *Kirche der Hirten*, bekannt. Diese Stelle liegt am östlichen Ende der Stadt, nahe der modernen griechisch-orthodoxen Kirche. Bei Ausgrabungen wurde innerhalb einer Grotte, über die im 5. Jahrhundert eine Kirche und dann im 6. Jahrhundert eine größere Basilika errichtet worden war, ein Mosaikboden aus dem 4. Jahrhundert entdeckt. Nachdem dieses Gebäude während der persischen Invasion im frühen 7. Jahrhundert zerstört worden war, wurde ein bescheidenes, von einer Mauer eingefaßtes Kloster an seiner Stelle erbaut, das bis zu seiner Zerstörung im 10. Jahrhundert existierte.

Eine dritte Stelle findet sich beim Rehabilitationszentrum des Christlichen Vereins Junger Menschen (CVJM), wo es eine Anzahl großer Höhlen gibt. Dieser Ort wird als das Hirtenfeld der Protestanten bezeichnet.

Die mit dem Hirtenfeld in Verbindung stehende Tradition durchdringt das gesamte Gebiet. Der Ort des umstrittenen israelischen Siedlungsprojekts Har Homa – das auf der anderen Seite der heutigen politischen Grenze in Großjerusalem liegt – wird von den Palästinensern immer noch *Abu Gneim*, *Weideplatz*, genannt.

Die alten in Beziehung zum Hirtenfeld stehenden Kirchen und Klöster wurden im Mittelalter, lange vor der Zeit der Kreuzzüge, zerstört, und das gesamte Gebiet wurde für Jahrhunderte aufgegeben. Die Überlieferung ist erst in jüngerer Zeit wiederbelebt worden.

Karge Wüstenlandschaft östlich von Bethlehem. Am Horizont das Moabgebirge in Jordanien.

Das Herodeion

Die Festung, die ungefähr 60 Stades [12 Kilometer] von Jerusalem entfernt ist, besitzt eine natürliche Stärke und ist als solche dafür sehr geeignet, da nicht weit entfernt davon ein Berg liegt, der von Menschenhand auf eine [größere] Höhe und in die Form einer Brust gebracht wurde. Sie ist in bestimmten Abständen mit runden Türmen bestückt und besitzt einen steilen Aufstieg, der aus 200 aus Stein gehauenen Treppenstufen gebildet wird. Innerhalb der Festung befinden sich kostbare königliche Gemächer, die gleichzeitig der Sicherheit und der prunkvollen Repräsentation dienen.

Am Fuße des Berges befinden sich Rasenplätze, die so gebaut sind, daß sie ein lohnender Anblick sind, unter anderem aufgrund der Weise, in der das Wasser, das an diesem Ort fehlt, aus großer Entfernung und mit großen Kosten herbeigebracht wird. In der die Festung umgebenden Ebene ist eine Stadt gebaut worden, die hinter keiner anderen zurücksteht, wobei der Berg für die anderen Gebäude als Akropolis dient.

So beschreibt der Historiker Josephus Flavius in seinem Werk *Jüdische Altertümer* die Festung, die König Herodes der Große etwa um das Jahr 20 v. Chr. für sich bauen ließ. Herodes wählte diese Stelle nach einem wichtigen militärischen Sieg über die Hasmonäer von Jerusalem aus, einem Sieg, der im Jahre 40 v. Chr. mitgeholfen hatte, seinen Aufstieg zu begründen. Als Idumäer (Edomiter) war Herodes ein Nachfahre arabischer Stämme, die ursprünglich sowohl östlich des Jordans als auch im südlichen Teil Palästinas lebten, und dementsprechend verachtete ihn die Jerusalemer Elite. Da Herodes dieses Gebiet sehr gefiel, nutzte er den Palast zur Erholung; später fungierte er als Grabstätte seiner Familie und Denkmal für Herodes selbst.

Herodes investierte ein enormes Ausmaß an Arbeit und Ressourcen in verschiedene Bauprojekte, unter anderem in den Seehafen Caesarea, den Jerusalemer Tempel, die Stadt Sebaste (Samaria) in der Nähe von Nablus und das Grab der Patriarchen in Hebron. Aber das Herodeion ist der Palast, mit dem er in die Geschichte eingehen wollte. Er wählte einen natürlichen Berg aus, dessen Höhe er durch Gewölbe noch vergrößern ließ, die dann mit Aushub gefüllt wurden, so daß der Berg, der sich 100 Meter über seine Umgebung erhebt, vom fünf Kilometer nordwestlich gelegenen Bethlehem einen imposanten Anblick bietet.

Das Gerüst der Palastanlage besteht aus zwei parallel verlaufenden kreisförmigen Mauern mit einem Durchmesser von beinahe 50 Meter. Innerhalb dieser Mauern bestand die östliche Hälfte aus einem von Säulen umsäumten Garten. Zur westlichen Hälfte gehörten ein altrömischer Speisesaal, ein Badehaus und Wohnquartiere. 15 Meter unterhalb des Fußbodens befanden sich vier miteinander verbundene gepflasterte Zisternen.

Die Ruinen am Fuße des Berges bedecken ein Gebiet von 150 000 Quadratmeter. Zu all dem gehörte ein wunderbarer Komplex von Schwimmbecken, ein Badehaus und andere Gebäude. Der Charakter dieses Ortes ist im arabischen Namen *Jebal Fureidis* oder *Paradiesberg* bewahrt geblieben.

So wie Herodes seinen Palast als Grabmal und als Festung geplant hatte, so wurde er von den jüdischen Aufständischen sowohl der ersten (66-73) als auch der zweiten (132-135) Revolte gegen Rom benutzt. Diese Zeloten gruben ein Netz von Fluchttunneln unter der Festung, von dem bisher 300 Meter erforscht sind.

Nach vier Jahrhunderten, in denen das Herodeion offenbar aufgegeben worden war, wurde das Gebäude dann anscheinend im 5. Jahrhundert als religiöses Zentrum verwendet. Auf der Spitze des Herodeions scheint eine Kapelle von einer Mönchsgemeinschaft bewohnt gewesen zu sein.

Links: Säulenreste am Fuße des südöstlich von Bethlehem gelegenen Herodeions, der Palastanlage von König Herodes.

Im unteren Teil des Herodeions sind drei verschiedene Kirchen ausgegraben worden, die alle schöne Mosaikböden besitzen. Da die Inschriften sich von den für griechisch-orthodoxe Kirchen dieser Zeit üblichen Formen unterscheiden, hat man spekuliert, daß die Gemeinschaft, die sie hinterlassen hat, möglicherweise zu einer gnostischen Sekte gehörte. Diese Version wird durch die Tatsache erhärtet, daß die Kirche dem Erzengel Michael gewidmet ist.

Diese religiöse Gemeinschaft bildet somit einen Kontrast sowohl zu den griechisch-orthodoxen als auch den monophysitischen Klöstern der Umgebung. Sie scheint während mehrerer Jahrhunderte bis in die frühe arabische Zeit hinein bestanden zu haben. Diese Kirchen sind außerdem ein weiteres Beispiel für den Pluralismus im frühen Christentum und deuten auf eine Toleranz gegenüber unterschiedlichen Glaubensformen in der Region östlich von Bethlehem hin.

Tekoa

Der Prophet des Alten Testaments Amos stammte aus dem Dorf Tekoa, etwa acht Kilometer südöstlich von Bethlehem. Der Name *Tekoa* bedeutet wahrscheinlich der Ort, *an dem Zelte aufgeschlagen werden*, was seine Lage an den östlichen Ausläufern des Judäischen Berglandes, wo die Wüste beginnt, widerspiegelt. Während der *Talmud* (jüdische Sammlung religiöser Lehrsätze und Kommentare) über die fruchtbare, von Olivenbäumen bedeckte Ebene im Westen spricht, beschreiben die Autoren der Bibel die Wüste Tekoas häufig als einen Zufluchtsort in der Zeit kriegerischer Auseinandersetzungen (Jeremia 6, 1; 2 Chronik 20, 20).

Nach den Aufzeichnungen der Bibel gründeten die Nachkommen Efratas aus dem nördlich gelegenen Bethlehem und Kalebs aus Hebron im Süden (1 Chronik 2, 24) diese Stadt. Wie es scheint, diente der Ort im Königreich Juda als Verwaltungszentrum und war damals eine befestigte Stadt (2 Chronik 11, 5). David hatte offenbar Beziehungen zu den Bewohnern von Tekoa und fand dort Unterstützung (1 Chronik 27, 9).

Als David sich mit seinem Sohn Absalom überwarf, versuchte Joab mit Hilfe einer weisen Frau aus Tekoa eine Versöhnung (2 Samuel 14). Es ist daher verschiedentlich vermutet worden, Tekoa habe vielleicht eine lange Tradition rhetorisch geschulter, weiser Führerinnen gehabt.

Der im 8. Jahrhundert v. Chr. lebende Prophet Amos scheint dieser Tradition verbunden gewesen zu sein. Als man ihn rief, um an der heiligen Stätte Beth-El im Norden zu sprechen, erwähnte er seine Herkunft als Hirte und Hüter der Bäume. In seinen Reden befaßte er sich mit Fragen wie Maßlosigkeit, Vernachlässigung der Armen und religiöse Bigotterie. Sein stetes Eintreten für soziale Gerechtigkeit führte dazu, ihn zu deportieren. Aber seine Botschaft war so klar, daß er der erste Prophet war, dessen Worte in einem eigenen Buch des Alten Testaments für die Nachwelt bewahrt wurden.

Noch heute stehen Ruinen von einer wahrscheinlich Amos geweihten Gedenkstätte, die nicht später als im 1. Jahrhundert erbaut wurde. Sie besteht aus einer doppelten Höhle, über der eine quadratische Struktur von zehn Meter Seitenlänge ruhte. In der Nähe liegen die Überreste der byzantinischen Nikolauskirche mit ihren Mosaikböden; ebenfalls an dieser Stelle befand sich ein monophysitisches Kloster. Bis etwa zur Zeit der Kreuzzüge hatte das Dorf Tekoa eine gewisse Bedeutung. Später wurde es an eine Stelle umgesiedelt, die sich etwa zwei Kilometer westlich der ursprünglichen Lage befindet. Die christlichen Einwohner Tekoas siedelten im 18. Jahrhundert nach Bethlehem über. Heute ist Tekoa ein muslimisches Dorf, das weithin für sein Gemüse bekannt ist. Ironischerweise befindet sich, allem Anschein nach in Widerspruch zu den Weissagungen des Propheten Amos, in der Nachbarschaft auch eine moderne jüdische Siedlung mit Namen Tekoa.

Links: Luftaufnahme des Herodeions. Gut erkennbar ist die durch künstliche Aufschüttung entstandene runde Form des Berges. Der eigentliche Palastkomplex wurde von einer Doppelmauer und vier Rundtürmen begrenzt. Im Hintergrund ist das Wadi Khureitun zu sehen.

Die von König Herodes angelegten Teiche Salomos dienten zur Wasserversorgung Jerusalems.

Die Teiche Salomos

Aufgrund seiner Lage am Rande der Judäischen Wüste ist Wasser für Bethlehem eine wichtige Ressource. Es gibt keine natürlichen Quellen, so daß die Menschen immer vom Winterregen abhängig waren, den sie in Zisternen sammelten. Die Fruchtbarkeit Bethlehems ist von seinen Bewohnern daher stets als ein Geschenk Gottes betrachtet worden.

Die Einwohner Bethlehems haben außerdem immer auch Brunnen gegraben, um weiteres Wasser zu gewinnen. Das zweite Buch Samuel 23, 1-17 erzählt die Geschichte Davids, der zu einer Zeit sein Lager in der Nähe Bethlehems aufgeschlagen hatte, als die Stadt von einer Garnison der Philister besetzt war. David betrachtete die Stadt und rief aus: »Wer will mir Wasser zu trinken holen aus dem Brunnen am Tor in Bethlehem?« Nachdem drei Soldaten die Linien des Feindes durchbrochen hatten, um David Wasser zu bringen, goß er das Wasser auf den Boden. David erklärte, Wasser sei weder dazu da, vergeudet zu werden, noch dazu, daß Menschen ihr Leben dafür wagten, sondern es sei ein Geschenk Gottes an das Leben, das von allen gerecht geteilt werden sollte. Heute zeigt man Besuchern an der Straße, die aus Bethlehem führt, oft drei Steinzisternen, die unter dem Namen »Davids Brunnen« bekannt sind.

Die Teiche Salomos, ungefähr vier Kilometer südlich von Bethlehem, haben jahrhundertelang eine wichtige Rolle für die Wasserversorgung der Region gespielt. Jeder der drei Teiche ist über hundert Meter lang und neun Meter tief; sie haben zusammen ein Fassungsvolumen von 300 000 Kubikmeter.

Diese Teiche werden von vier verschiedenen Quellen gespeist, deren wichtigste Ein-Atan oder Etam heißt.

Ihre Bedeutung in biblischen Zeiten wird durch die Tatsache unterstrichen, daß sie nach einer der Festungen Judas benannt ist. Nach dem jüdischen Historiker Josephus war dies einer der Lieblingsplätze Salomos: »Und es gab dort einen gewissen Ort, acht Meilen von Jerusalem entfernt, der Etam heißt und wegen seiner zahlreichen Parks und Flüßchen ergötzlich ist, und dorthin pflegte er hoch auf seinem Wagen zu fahren.«

Die heutigen Teiche wurden jedoch wahrscheinlich von Herodes dem Großen in Zusammenhang mit seinen Ausbauarbeiten am Jerusalemer Tempel angelegt. Nichtsdestoweniger wird auch weiterhin der Name Salomos mit den Teichen in Verbindung gebracht. Dies geht wahrscheinlich auf die Stelle im Alten Testament zurück (Prediger Salomo 2, 5-6), wo es heißt: »Ich machte mir Gärten und Lustgärten und pflanzte allerhand fruchtbare Bäume hinein; ich machte mir Teiche, daraus zu bewässern den Wald der grünenden Bäume.«

Das Gebiet rund um die Teiche Salomos war jahrhundertelang ein beliebter Ausflugs- und Erholungsort. An der Nordseite des Parkeingangs befindet sich ein altes Bauwerk, das 1620 errichtet wurde und als *Kalat el-Burak*, das *Schloß der Teiche*, bekannt ist. Es diente zeitweise als Raststätte für Karawanen und als Gasthaus mit einem schönen Innengarten.

Das Wassersystem als Ganzes zeigt ein hohes Maß an technischer Entwicklung. Fünf verschiedene Aquädukte mit insgesamt 60 Kilometer Länge sind mit den Teichen Salomos verbunden. Zwei dieser Aquädukte versorgten die Teiche zusammen mit zusätzlichen Wasserquellen im Süden, ein anderes leitete Wasser nach Osten zum Herodeion, wo Herodes ein großes und schönes säulengesäumtes Erholungsbecken hatte bauen lassen; die zwei übrigen Aquädukte leiteten Wasser nach Jerusalem.

Josephus erwähnt eines der Aquädukte im Zusammenhang mit den Arbeitsprojekten von Pontius Pilatus. Auch der *Talmud* beschreibt Ein-Atan als die Quelle des Tempelwassers und erwähnt, dies sei aufgrund des Höhenunterschieds zwischen den Teichen und dem Tempel möglich gewesen. Der *Talmud* erwähnt ferner, daß im Jahre 70 die jüdischen Zeloten das Aquädukt, das durch Bethlehem verlief, zerstörten. Was von diesem letzten Aquädukt, das der heutigen Straße von Hebron nach Jerusalem folgt, übrig ist, geht daher teilweise auf die zehnte römische Legion zurück. An diesem Teilstück des Aquädukts wurden 24 Inschriften von Namen römischer Soldaten entdeckt, darunter der Name des Julius Clemens, der im Jahre 195 Konsul von Rom war. Weitere erhalten gebliebene Teile des Aquädukts sind an verschiedenen Orten, darunter an der Hebronstraße und der Caritasstraße, zu sehen.

Ein Teil des früheren Aquädukts verlief unterhalb der Stadt Bethlehem durch einen 400 Meter langen Tunnel. Dieser Tunnel bildete annähernd 2000 Jahre lang eine der Wasserquellen Bethlehems. Nach diversen Reparaturen zur Zeit der Osmanen wurde das Aquädukt schließlich überflüssig, als die Briten Eisenrohre und Pumpstationen installierten. Später haben die Bewohner Bethlehems vielfach selbst gegrabene Brunnen als Wasserquelle verwendet. Diese schönen Brunnen sind in vielen Innenhöfen der älteren Häuser zu sehen.

Seite 70: Das Nonnenkloster »Hortus Conclusus« (Der verschlossene Garten) in Artas südlich von Bethlehem. Es wurde 1901 auf Anordnung des Erzbischofs von Montevideo errichtet. Der Überlieferung nach befanden sich in Artas, einem Tal mit üppiger Vegetation, die Gärten Salomos.

Beit Jala

Westlich von Bethlehem liegt die Stadt Beit Jala, die mit ihren 12 000 Einwohnern die östlichen Hügel des Ras Jala, einer der höchsten Berge (923 m) des Judäischen Berglandes, bedeckt.

Der Name *Jala* bedeutet *Grasteppich* und bezieht sich wahrscheinlich auf den hübschen Anblick dieses Berges. Manche haben hier einen Zusammenhang mit dem biblischen Gilo gesehen, das in Josua 15, 51 unter den Städten Judas erwähnt wird. Aufgrund von 2 Samuel 15, 12 siedeln andere jene Stadt jedoch weiter im Süden an. Eine dritte Grupppe von Autoren ist der Ansicht, bei Beit Jala könne es sich um die biblische Stadt Gallim handeln, die in Jesaja 10, 30 in Verbindung mit der assyrischen Invasion im 8. Jahrhundert v. Chr. erwähnt wird.

Die an dieser Stelle befindliche historische Quelle Bir Onah läßt darauf schließen, daß der Ort schon früh in der Geschichte besiedelt war. Es sind jedoch in dieser Stadt keine archäologischen Ausgrabungen gemacht worden. Die Überlieferung besagt, daß im 8. Jahrhundert v. Chr. die assyrische Armee unter Sanherib während der Belagerung Jerusalems hier ihre Zelte aufschlug. Nach der Bibel (2 Könige 19, 35) wurde die Armee von einer Seuche befallen, wodurch die Stadt Jerusalem gerettet wurde.

Im Mittelalter lag hier ein christliches Dorf, das gegen die Kreuzfahrer kämpfte und zerstört wurde. Es scheint danach bis zum 18. Jahrhundert unbewohnt gewesen zu sein.

Die moderne Stadt Beit Jala wurde im 18. Jahrhundert von christlichen Stämmen aus dem Wadi Musa in Jordanien gegründet. Im frühen 19. Jahrhundert wurden diese Stämme hart bestraft, als sie den Muslimen aus Hebron, die gegen die Rebellion des Ägypters Ibrahim Pascha Widerstand leisteten, Zuflucht boten. Als 1907 die Osmanen begannen, Soldaten für ihre Armee zu rekrutieren, emigrierte ein großer Teil der Bewohner Beit Jalas nach Südamerika. Nach dem Krieg von 1948 waren viele Muslime aus dem südwestlichen Teil Jerusalems gezwungen, nach Beit Jala überzusiedeln.

Ebenso wie in Beit Sahour besteht die Bevölkerung Beit Jalas aus vielen großen und weitverzweigten Familien. Heute sind 70 Prozent der Einwohner Christen.

Im 19. Jahrhundert beherbergte Beit Jala außerdem eine sehr wichtige russisch-orthodoxe Schule, die inzwischen nach dem hochangesehenen aus Beit Jala stammenden Schriftsteller Iskander-Khoury-Schule benannt ist. Die protestantische Talitha-Kumi-Schule ist eine der besten Schulen im gesamten Westjordanland. In Beit Jala befinden sich heute auch viele wichtige Rehabilitationszentren.

Wegen seiner Höhenlage und seiner kühleren Temperaturen ist Beit Jala als Sommerferienort sehr beliebt. Vor 1967 verbrachten hier viele Urlauber aus anderen arabischen Ländern ihre Sommerferien. Bereits der erste lateinische Patriarch Giuseppe Valerga wählte Beit Jala zu seiner Sommerresidenz. Das von ihm genutzte

Obstbaum- und Weinterrassen bei Beit Jala.

Gebäude wurde später in das Römisch-Katholische Seminar umgewandelt, wo fast alle arabischen katholischen Priester ihre Ausbildung erhalten haben. Auf den nördlichen Hügeln des Ras Jala liegt das salesianische Cremisankloster mit seiner berühmten Weinkellerei.

Iskander Khoury

Einer der bedeutendsten palästinensischen Schriftsteller des 20. Jahrhunderts ist Iskander Khoury. 1890 als Sohn eines orthodoxen Priesters in Ein Kerem geboren, verbrachte er den größten Teil seiner Kindheit in Beit Jala, wo er auch zur Schule ging. Er studierte Theologie, Arabisch und Rechtswissenschaft sowohl in Kairo und Beirut als auch in Bethlehem und Nazareth. Er ließ sich in seiner Heimatregion zuerst als Lehrer in Beit Jala, dann als Richter in Bethlehem und später bis zu seinem Tod (1973) in Jerusalem nieder.

Im Laufe seines Lebens schrieb Iskander Khoury Artikel, Kurzgeschichten und Gedichte. Er war von der arabischen Nationalbewegung beeinflußt und setzte sich für die Rechte der Frauen ein. Einen Großteil seiner Werke schrieb er nach der Katastrophe von 1948 (Al-Nakba).

1935 verfaßte er aus Anlaß eines Streits zwischen einer christlichen und einer muslimischen Familie in Haifa das folgende Gedicht mit dem Titel »Christen sind die Brüder der Muslime«:

»Wisset, daß die Hand der Verschwörung
Die Einheit der beiden Religionen
Nicht zerstören wird.
Wir dienen und wir dienen immer noch
Wie früher diesem Heimatland.
Vor Christus und vor Mohammed
Waren und sind wir immer noch Araber.
Wir hatten und wir haben immer noch
Unser Heimatland
Als Mutter und als Vater.
Und keine Religion vereint uns als die Religion
Der Liebe und der Familie.«

Rahels Grab

Unweit der Einfahrt nach Bethlehem, genau an der Hebronstraße, befindet sich ein Bauwerk, das seit dem Mittelalter als Rahels Grab bekannt ist. Es wird erstmals vom Pilger aus Bordeaux bezeugt, der Bethlehem im Jahre 333 besuchte und schrieb: »Vier Meilen von Jerusalem entfernt, zur Rechten der Landstraße nach Bethlehem, befindet sich der Schrein, in dem Jakobs Frau Rahel begraben liegt.«

Die historische Authentizität des Ortes ist jedoch fraglich. Daß Rahels gerade an dieser Stelle gedacht wird, mag auf eine Namensverwechslung zurückgehen. Hieronymus behauptete, das Grab am Rande der Straße nach Hebron sei eine Gedenkstätte für Herodes' Sohn Archelaus, der Judäa regierte. Es ist nicht schwer, sich vorzustellen, wie die Namen *Rahel* und *Archelaus*, besonders natürlich von flüchtigen Durchreisenden, verwechselt werden konnten.

Links: Der Grabschrein Rahels ist ein wichtiger Gebetsort frommer Juden. Das Grab wird aber auch von Muslimen und Christen verehrt.

Rahels Grab im Norden Bethlehems an der Straße von Jerusalem nach Hebron. Seit 1998 ist das Gebäude von einer festungsartigen Mauer umgeben.

Im ersten Buch Mose (35, 19) wird berichtet, wie Rahel bei der Geburt ihres Sohnes Benjamin während ihrer und Jakobs Reise von Beth-El nach Hebron starb und wie ihr zum Gedenken auf dem Wege nach Efrata (Bethlehem) ein Grabstein errichtet wurde. Während das Buch Mose auf den ersten Blick von der heutigen Gedenkstätte zu sprechen scheint, handelt es sich dabei doch um eine sehr vage Beschreibung. Nach 1 Samuel 10, 2 liegt Rahels Grab nördlich von Jerusalem »an der Grenze Benjamins bei Zelzach«. An dieser Stelle mußten sich im 6. Jahrhundert v. Chr. die Bewohner Jerusalems einfinden, bevor sie nach Babylon verschleppt wurden, so daß Jeremia (31, 15) klagte: »Man hört Klagegeschrei und bitteres Weinen in Rama: Rahel weint über ihre Kinder und will sich nicht trösten lassen über ihre Kinder; denn es ist aus mit ihnen.«

Als später Matthäus die Geschichte des Mordes an den männlichen Kindern aus Bethlehem durch König Herodes erzählte, rief er die Worte Jeremias ein weiteres Mal ins Gedächtnis.

Seit dem Mittelalter wird der Schrein über Rahels Grab von Muslimen, Juden und Christen verehrt. Das gegenwärtige, innerhalb eines muslimischen Friedhofs gelegene Bauwerk ist das Resultat von Bautätigkeiten der Kreuzfahrer im 13. Jahrhundert, Muhammad Paschas von Jerusalem im 16. Jahrhundert sowie des Moses Montefiore im 19. Jahrhundert. Eine derartige Kooperation der Religionen ist der Rolle Rahels als in allen drei monotheistischen Religionen respektierter Matriarchin sehr angemessen.

Die Kathismakirche

Die frühen Christen wußten um die Probleme, die das Reisen schwangeren Frauen bereitete. Unmittelbar hinter dem heutigen Militär-Checkpoint an der nördlichen Stadtgrenze Bethlehems befand sich in der Nähe des Eliasklosters ein Schrein zum Gedenken an den Rastplatz von Maria und Josef auf ihrem Weg nach Jerusalem. Zentrum des Schreins war ein Fels von zwei Meter Durchmesser, auf dem Maria seinerzeit gesessen haben soll.

Schon im 3. Jahrhundert begannen Pilger, diesen Ort zu besuchen. Das spätere achteckige Bauwerk aus dem 5. Jahrhundert, das 58 mal 48 Meter maß, wäre heute die größte Kirche dieser Form im Heiligen Land. Grüne und gelbe Mosaikböden zeigen noch geometrische Muster, ferner Palmen und Datteln. Die achteckige Gedächtniskirche wurde im 9. Jahrhundert zerstört und erst vor wenigen Jahren durch Bauarbeiter entdeckt. Heute ist sie wieder zugeschüttet.

Rechts: Dorf bei Bethlehem.

Unten: Die Judäische Wüste in der Nähe des Klosters Mar Saba.

KAPITEL V

Klöster in Bethlehems Umgebung

Klöster

Vom 4. bis zum 6. Jahrhundert gab es in der Judäischen Wüste östlich von Bethlehem über 100 Klöster. Nachdem er das erste Kloster im Jordantal gegründet hatte, richtete Chariton, der als Gründer des palästinensischen Klosterwesens gilt, außerdem das drei Kilometer von Tekoa entfernt liegende Kloster von Souka ein. Die Bewegung wurde recht erfolgreich, so daß in der Wüste zahlreiche Klöster aufblühten, in denen Mönche entweder ihr gesamtes Leben verbrachten (Koinobitentum) oder aber sich nur zu einer wöchentlichen Eucharistie versammelten, während sie ansonsten getrennt voneinander in Höhlen in der Umgebung lebten (Laureatentum). Während diese wichtige christliche Gemeinschaftsform mit der persischen Invasion allmählich zurückging, ist eine Reihe dieser Klöster auch heute noch aktiv, darunter das Theodosiuskloster und das Kloster Mar Saba.

Die Klosterbewegung hatte eine Reihe von Auslösern. Einer davon hängt mit den Wallfahrten zusammen. Viele Mönche begannen als Pilger, die den Fußspuren Jesu folgten, indem sie zuerst nach Bethlehem und Jerusalem und dann für 40 Tage in die Wüste gingen, um dort der Versuchung zu widerstehen. Außerdem waren mit der Legalisierung des Christentums unter Konstantin viele derer, die sich noch an ihre Verfolgung erinnerten, der Ansicht, das Leben der Christen sei zu leicht geworden und der Glaube werde einfach als gegeben hingenommen.

Links: Das griechisch-orthodoxe Kloster Mar Saba in den fast senkrechten Felswänden des Wadi Kidron ist eines der ältesten Klöster der Welt. Architektur, religionsgeschichtliche Bedeutung und die grandiose Wüstenlage machen den Besuch zu einem einzigartigen Erlebnis.

Geschichte des Klosterwesens im Heiligen Land

308	*Hilarion beginnt sein Leben als Einsiedler in der Nähe von Gaza*
330	*Chariton gründet das Pharankloster in der Nähe Jerichos*
350	*Chariton gründet das Soukakloster bei Tekoa sowie die »Hängende Höhle«*
476	*Gründung des Theodosiusklosters*
478	*Sabas beginnt sein Einsiedlerleben in einer Höhle*
483	*Sabas gründet die Große Laura im Wadi Kidron*
532	*Sabas stirbt und wird in Mar Saba begraben*
560	*Cyril von Skythopolis schreibt »Das Leben der Mönche Palästinas«*
580	*Niederschrift von »Das Leben des Chariton«*
726	*Johannes von Damaskus verfaßt im Kloster Mar Saba seine Schrift für die Verteidigung der Ikonen*
877	*Niederschrift von »Summa Theologiae Arabica« in Mar Saba*

Manche sahen daher in dem Gedanken, in die Wüste zu gehen, das höchste Maß an Tugend. Dort, so dachten sie, könnten sie abseits der Welt Gott um so näher kommen. Außerdem glaubten sie, durch ihr Handeln die alte Prophezeiung zu erfüllen, indem sie die Wüste durch über das ganze Land verstreute Orte des Gebets zum Blühen brachten.

Das Mönchsleben in Palästina hatte einen etwas paradoxen Charakter. Obwohl die Mönche sich in die Wüste zurückzogen, lagen die Klöster im Wadi Kidron und im Wadi Khureitun, wo es Wasser im Überfluß gab und sonstige lebensnotwendige Dinge zur Verfügung standen. Auch wenn die Einsamkeit ein Ziel war, behielten die meisten Mönche eine Verbindung mit der Gemeinschaft bei. Obwohl das klösterliche Leben einen Rückzug aus der Welt darzustellen schien, blieben die Mönche doch sehr stark an den Angelegenheiten der Gesellschaft beteiligt. Viele Menschen sahen die Mönche als heilige Männer an und wandten sich an sie mit der Bitte um Rat und Fürsprache im Gebet.

Mönche aus dem Heiligen Land nahmen an den theologischen Diskussionen der großen Ökumenischen Konzile teil. Während der christologischen Debatte, die 451 auf das Konzil von Chalcedon folgte, übernahmen Sabas und andere Mönche eine führende Rolle in der Opposition gegen die Monophysiten Jerusalems, die die doppelte Natur Christi ablehnten.

Das Leben Sabas

Sabas wurde im Jahre 439 in Kappadokien (Kleinasien) geboren und begann sein Klosterleben im Alter von acht Jahren. Als er achtzehn Jahre alt war, verließ er seine Heimat, um nach Palästina zu gehen, wo er sich den Mönchen Euthymius und Theoctistus anschloß. Nachdem er in das Wüstengebiet südöstlich Jerusalems gereist war, um dort jeden Frühling zu fasten (wobei er sich nur von Brot und Wein der Eucharistie ernährte), beschloß er im Jahre 478, in einer Höhle im Wadi Kidron das Leben eines Einsiedlers zu beginnen. Innerhalb von fünf Jahren hatten sich ihm 70 Anhänger angeschlossen, die in benachbarten Felsenhöhlen lebten. Sabas gab ihrem Leben einen Rahmen rund um das sieben Mal am Tag zu sprechende einsame Gebet und der Arbeit, die aus dem Flechten von Körben bestand. Er gründete die Große Laura, zu der sich die Mönche einmal in der Woche versammelten, um sich zur Gemeinschaft der Eucharistie zusammenzufinden und mit den notwendigen Gütern für die kommende Woche zu versorgen. Als die Zahl der Anhänger auf 150 angewachsen war, machte sich Sabas daran, neun zusätzliche Klöster zu gründen. Sabas starb 532. Seine Gebeine wurden im 12. Jahrhundert von Kreuzfahrern nach Venedig gebracht, aber 1965 anläßlich des damaligen Papstbesuches an das Kloster Mar Saba zurückgegeben. Sabas erhielt den aramäischen Titel *Mar*, was *Heiliger* bedeutet.

Nach der arabischen Eroberung im 7. Jahrhundert zogen sich die Mönche in die schützenden Mauern des Gebäudekomplexes zurück. Seit dieser Zeit besteht das Kloster Mar Saba als eine *Koinobia*, in der die Mönche ein gemeinschaftliches Leben, das aus Arbeit, Gebet und gemeinsamen Mahlzeiten besteht, führen. Der Klosterkomplex gruppiert sich um die Theotokoskirche zu Ehren Marias und die Nikolauskirche, die den in der Mitte gelegenen Hof mit dem Grab des Heiligen Sabas umgeben. Vier zusätzliche Kapellen stehen für das tägliche Gebet zur Verfügung. Außer den Mönchszellen gibt es einen gemeinsamen Speisesaal, eine Küche, eine Bäckerei und ein Krankenhaus. Es befinden sich in dem Kloster nicht weniger als 20 Zisternen. Ebenso gibt es ein Hospiz für Pilger. Weibliche Besucher waren jedoch nie zugelassen. Für Frauen, die die Pilgerreise machen wollen, steht der benachbarte Frauenturm zur Verfügung.

Das Kloster Mar Saba bleibt auch in der heutigen Zeit aktiv. Am Ende einer langen, gewundenen Straße bildet es für viele Pilger einen Höhepunkt; zugleich dient es den wenigen Besuchern, die sich zu Fuß in die alten Höhlen des Wadi Kidron begeben wollen, als Ausgangspunkt.

Die Klöster und die örtliche arabische Bevölkerung

Es gibt eine Reihe von Geschichten, die vom Konflikt zwischen den Klöstern und der örtlichen Bevölkerung sprechen. Tatsächlich erlitten im Jahre 797 zwanzig Mönche des Klosters Mar Saba das Martyrium. Auf der anderen Seite gibt es viele positive Berichte, die unterstreichen, daß das Leben der aus dem Ausland kommenden Mönche und der örtlichen Bevölkerung eng miteinander verflochten war.

Im frühen 4. Jahrhundert suchte ein arabischer Scheich den Mönch Euthymius auf, damit dieser seinen gelähmten Sohn heile. Als Anführer einer Reiterabteilung unter den Persern hatte er bei verschiedenen Weisen Hilfe gesucht, aber vergebens. Ein Traum seines Sohnes wies ihm den Weg zu einem grauhaarigen bärtigen Mönch, der in einer Schlucht südlich der Straße von Jerusalem nach Jericho wohnte. Der Junge erkannte Euthymius nach seinem Traum wieder und wurde von ihm geheilt. Der Scheich und sein Stamm wurden dann getauft, während sein Schwager Maris als Mönch im Kloster blieb und schließlich sogar Oberhaupt des Theoktistusklosters wurde.

Die Kapelle im Klosterinnenhof diente von 532 bis ins 12. Jahrhundert als Grabmal des Hl. Sabas. Seit 1965 ruhen seine Gebeine in der Hauptkirche des Klosters. Gegenwärtig leben in Mar Saba nur noch etwa ein Dutzend Mönche; im 6. Jahrhundert waren es zeitweise etwa 5000.

Zu vielen Klöstern gibt es auch Geschichten über großzügige Gaben von Nahrungsmitteln und anderen Gütern, die die örtliche Bevölkerung den Mönchen regelmäßig zukommen ließ. Das Theodosiuskloster östlich von Bethlehem zum Beispiel blickt auf eine Geschichte positiver wechselseitiger Beziehungen mit der Bevölkerung in seiner Umgebung zurück. Theodosius hatte die Örtlichkeit für sein Kloster ausgesucht, weil nach der Überlieferung die Weisen aus dem Morgenland sich auf ihrer Flucht vor Herodes in dieser Höhle aufgehalten hätten. Erst als er eine anonyme Spende vorfand, konnte er jedoch tatsächlich daran gehen, das große Kloster zu bauen. So war es ihm möglich, auch ein Krankenhaus, ein Altenheim und 100 Tische für die Armen in das Kloster zu integrieren. Der Name, den die ortsansässigen Araber dem Kloster gaben, war passenderweise *Ibn Abeid*, was *Sohn des bescheidenen Dieners* bedeutet.

Links: Kloster Mar Saba und Wadi Kidron in einer Zeichnung von Charles Wilson aus dem Jahre 1865.

IC XC

ΟΙΚΕΙΤΕ ΠΑΡΑΔΙΣΟΝ ΑΝΕΡΕΣ ΘΕΙΟΙ
ΒΗΣΣΑΡΙΩΝΙ ΚΑΙ ΙΩΑΝΝΙΚΙΩ
ΑΦΙΕΡΟΥΣΙ ΕΝΘΑ ΑΠΕΚΤΑΝΘΗΤΕ

Das Theodosiuskloster entwickelte sich zu einem der größten Klöster in der ganzen Region und beherbergte über 400 Mönche. Dem Aufruf Sabas folgten Hunderte von Arbeitern aus Kleinasien, um im Kloster zu helfen, und ihre Nachkommen dienten ihm bis Mitte des letzten Jahrhunderts. Nach der arabischen Eroberung im 7. Jahrhundert glichen sich die griechisch-orthodoxen Diener in Sprache und Kultur an und wurden im 14. Jahrhundert zu Muslimen. Nach Jahrhunderten eines halbnomadischen Lebens ließen sie sich in dem an das Kloster angrenzenden Dorf nieder, das dann den Namen *Abeidiya*, *Ort des Dieners*, erhielt.

Johannes von Damaskus

Der 675 in Damaskus geborene und dort hochangesehene Johannes kam im Jahre 716 nach Palästina, wo er vom Patriarchen von Jerusalem zum Bischof ernannt wurde; dann trat er in das Kloster Mar Saba ein, in dem er einer der bekanntesten Theologen der damaligen Zeit wurde. Sein berühmtestes Werk trug den Namen *Die Quelle der Weisheit*. Das Hauptanliegen seiner Arbeit bestand in der Verteidigung des Christentums gegenüber dem Islam.

Während des Bilderstreits spielte Johannes von Damaskus eine entscheidende Rolle. Der muslimische Glaube untersagte ohnehin den Gebrauch von Bildern. Aber es war der byzantinische Kaiser Leo III., der Bildnisse auch für Christen zum Frevel erklärte. Während viele Theologen durch Androhung von Verfolgung zum Schweigen gebracht waren, hatte Johannes, der unter dem Schutz des Klosters Mar Saba lebte, die Freiheit, die Bedeutung von Ikonen für den christlichen Glauben zu verfechten. Seine Argumente sind wie folgt überliefert:

> *Wir verwenden all unsere Sinne, um würdige Bilder Gottes hervorzubringen, und wir heiligen den edelsten aller Sinne, nämlich den des Augenlichts. Denn gerade so, wie Worte erbaulich für das Ohr sind, so erfreut das Bild das Auge. Was das Buch für den Schriftgelehrten, ist das Bild dem des Lesens Unkundigen. So wie das Wort zum Ohr spricht, so spricht das Bild zum Auge; es läßt uns die Dinge verstehen.*

Die theologischen Schriften des Johannes über die Ikonen wurden im Jahre 787 auf dem Siebten Ökumenischen Konzil in Nicäa zur offiziellen Kirchenlehre.

Als christliche Bilderstürmer mit der Zerstörung von Ikonen begannen, wurden viele der ältesten Ikonen gerettet, indem sie nach Mar Saba und in das Katharinenkloster in der Sinaiwüste gebracht und dort aufbewahrt wurden. Johannes von Damaskus selbst ist einer der wenigen Heiligen, die in arabischer Kleidung auf Ikonen abgebildet sind.

Die Arabisierung der Theologie

Die Klöster in der Region Bethlehem waren Zentren für die Arabisierung der Theologie. Mit der islamischen Eroberung im Jahre 638 wurde das Arabische die im Heiligen Land gesprochene Sprache, und der Islam wurde zur vorherrschenden Religion. Griechischsprechende Theologen wie Johannes von Damaskus behaupteten sich noch ein weiteres Jahrhundert. Als jedoch anstelle der in Damaskus ansässigen Omaijaden die Abbasiden in Bagdad die Macht übernahmen, führte dies zu einer feindseligeren Atmosphäre zwischen Islam und Christentum. Das machte der Ära der griechischsprechenden Mönche, die enge Beziehungen zu Konstantinopel hatten, ein Ende. Die Kirche im Heiligen Land wurde in gewissem Sinne vom Rest der Christenheit abgeschnitten. In vielen westlichen Geschichtsbüchern gibt es an diesem Punkt eine Lücke in der Geschichte des palästinensischen

Vorhergehende zwei Doppelseiten: Die Ikonensammlung des Klosters Mar Saba zählt zu den berühmtesten der Welt. In der Zeit des Bildersturms (Ikonoklasmos, 726-843) wurden viele Ikonen nach Mar Saba in Sicherheit gebracht.

Seite 80: Darstellung der Geburt Jesu.

Seite 81: Angriff der Perser auf das Kloster Mar Saba im Jahre 614.

Seite 82: Heilige und Kirchenväter.

Seite 83: Johannes von Damaskus, der vom Kloster Mar Saba aus zum wichtigsten Verfechter der Ikonenverehrung wurde.

Christentums. Die Klöster existierten und gediehen jedoch auch weiterhin.

Man hat die Vermutung angestellt, daß es so etwas wie eine Schule der arabischen Theologie gab, deren Zentrum sich von 750 bis 1050 in den Klöstern Sabas' und Charitons befand. Erst jetzt beginnen westliche ebenso wie arabische Wissenschaftler den Reichtum des Materials zu erkennen, der in den aus dieser Zeit stammenden arabisch-christlichen Manuskripten enthalten ist. Ein Großteil dieser literarischen Quellen wird in Mar Saba aufbewahrt. Ebenso enthält auch die Bibliothek des Katharinenklosters im Sinai zahlreiche Schriften, in denen diese beiden Klöster als Ort der Niederschrift der Manuskripte angegeben und die Namen der beteiligten Mönche aufgelistet werden. Unter den führenden Theologen befanden sich Mönche wie der aus Edessa stammende Theodor Abu Qurrah, Stephan aus Ramle und Antonius David aus Bagdad sowie andere. Das wichtigste theologische Werk aus dieser Zeit ist die anonym verfaßte, 877 fertiggestellte *Summa Theologiae Arabica*.

So wurde nicht nur das Arabische zur vorherrschenden Klostersprache, sondern darüber hinaus stand auch der Dialog zwischen Christen und Muslimen im Zentrum der Theologie. Es handelte sich demnach um eine in ihre Umgebung eingebettete Religionslehre, die sowohl dem römisch-katholischen als auch dem orthodoxen Zweig der Kirche recht fremd war. Aber die Theologie im Heiligen Land war dynamisch und vital. Während Rom und Konstantinopel sich in Lehre und Wirken immer weiter voneinander entfernten, war das palästinensische Christentum von einem ökumenischen Geist gekennzeichnet. Nicht zuletzt die Notwendigkeit einer einheitlichen Antwort auf den Islam machte dies erforderlich.

Die Arbeit der heutigen Orden in Bethlehem

1333	*Franziskaner*	*Erziehung, Gästehaus, Pflege der Heiligen Stätten*
1848	*Schwestern vom Hl. Josef*	*Erziehung*
1873	*Schwestern von der Barmherzigkeit*	*Frauenarbeit*
1875	*Karmelitinnen*	*Kontemplatives Leben*
1876	*Christliche Schulbrüder*	*Erziehung*
1880	*Rosenkranz-Schwestern*	*Erziehung*
1885	*Franziskaner vom unbefleckten Herzen Marias*	*Kindergarten, Handwerk*
1886	*Barmherzige Schwestern des Hl. Vinzenz von Paul*	*Krankenhaus*
1891	*Salesianer*	*Berufsausbildung, Weinbau*
1901	*Schwestern des Hortus Conclusus*	*Waisenhaus*
1909	*Weiße Schwestern (Marienfranziskanerinnen)*	*Erziehung, Familienberatung*
1927	*Schwestern der Hl. Dorothea*	*Gehörlosenrehabilitation*
1949	*Kleine Schwestern Jesu*	*Handwerk*
1958	*Salvatorianerinnen*	*Erziehung*
1972	*Benediktinerinnen*	*Handwerk*
1974	*Schwestern der Apostel/Schwestern der Doronea*	*Studentenwohnheim, Betreuung behinderter Kinder*
1985	*Maronitisches Haus Sharbel*	*Gästehaus*

Wiederbelebung der Mönchsbewegungen

Das Mönchswesen, das vom 4. bis zum 6. Jahrhundert in seiner Blüte stand und bis heute überdauerte, hat in der modernen Zeit einen neuen Aufschwung genommen. So gibt es heute in der gesamten Region ein Wiederaufblühen der Klöster. Während die frühere Klosterbewegung mehr östlichen Charakter hatte, ist diese Renaissance im 19. und 20. Jahrhundert eher westlich geprägt. Die Orden befassen sich heute mit Erziehung und Ausbildung, Gesundheitsfürsorge, Sozialem, der wirtschaftlichen Entwicklung und natürlich mit dem spirituellen Leben.

Kreuze an Türstürzen in Bethlehem.

Die Rosenkranz-Schwestern

Die Rosenkranz-Schwestern wurden 1880 von Pater Yussef Tannous aus Nazareth und Schwester Maria Alphonsina, zuvor Angehörige des Josefs-Ordens in Bethlehem, gegründet. Beide stimmten hinsichtlich der Notwendigkeit eines nur aus arabischen Nonnen bestehenden Ordens überein. Im Jahr 1893 kamen die ersten fünf arabischen Nonnen nach Bethlehem, um jungen Frauen das Nähen beizubringen. Heute genießen die Rosenkranz-Schwestern einen sehr guten Ruf aufgrund ihrer hervorragenden Schulen und sind der größte Orden im Heiligen Land. Darüber hinaus ließen sie sich in Palästina, Israel, Jordanien, im Libanon, den Golfstaaten und Rom nieder. Durch das päpstliche Dekret vom 4. August 1959 wurden die Rosenkranz-Schwestern offiziell als Orden der römisch-katholischen Kirche anerkannt.

Abu Gneim

Im 5. Jahrhundert wurde an der Straße nach Jerusalem das Eliaskloster gegründet. Hiermit gedachte man der Flucht des alttestamentlichen Propheten Elias vor der Königin Jezebel in die Wüste. In der Nähe des schönen bewaldeten Berges *Abu Gneim* wurde vom 5. Jahrhundert an eine Reihe weiterer Klöster sowie die vor einiger Zeit neuentdeckte Kathismakirche gebaut.

Vor 1967 trugen die politischen Grenzen der Verbindung dieses Gebiets mit Bethlehem Rechnung. Und tatsächlich spiegelt der Name *Abu Gneim*, dessen wörtliche Bedeutung *Weideplatz* ist, die historische Verbindung mit den Hirten von Bethlehem und Beit Sahour wider. Nach 1967 hat die israelische Regierung jedoch den Berg dem Stadtgebiet von Großjerusalem einverleibt. Aufgrund der religiösen, landschaftlichen und historischen Bedeutung Abu Gneims sind die Pläne für die israelische Siedlung Har Homa äußerst umstritten.

Fenster in der Katharinenkirche.

Links: Blick auf Bethlehem mit der lutherischen Weihnachtskirche und dem Komplex der Geburtskirche in der Bildmitte.

Stadtansichten

Oben: Bethlehem von Beit Sahour aus gesehen.

Unten: Blick auf Bethlehems Stadtzentrum mit der Omarmoschee, dem Krippenplatz und der Geburtskirche.

Die historischen Viertel Bethlehems

Die heutige Stadt Bethlehem hat ihren Ursprung im Mittelalter, als sich verschiedene Stämme in jeweils verschiedenen Stadtvierteln ansiedelten. Die Häuser öffneten sich im allgemeinen auf einen Mittelhof, der auch der Ort war, an dem geschäftliche und politische Angelegenheiten diskutiert wurden und an dem sich das Leben der Gemeinschaft abspielte. So war es für die Angehörigen eines jeden Viertels möglich, ihre typische Identität zu wahren und doch Teil derselben Stadt zu sein.

Im frühen 7. Jahrhundert kamen zwei christliche Stammesgruppen zusammen mit Kalif Omar Ibn al-Khattab von der arabischen Halbinsel nach Bethlehem. Die beiden größten Familiengruppen der heutigen Stadt Bethlehem sind die Nachfahren dieser beiden Stämme.

Die Bewohner des Najajarah-Viertels westlich des Krippenplatzes kamen ursprünglich aus Najran im Jemen. Das Viertel wird ferner von der Gruppe der »Gathabreh« bewohnt, die aus Griechenland nach Bethlehem gekommen war. Die Bevölkerung des Farahiyah-Viertels, das sich nordwestlich des Krippenplatzes entlang der alten Sternstraße erstreckt, ist nach ihrem Patriarchen Farah aus dem Wadi Musa in Jordanien benannt.

Mit Ankunft der Kreuzfahrer entstand direkt nördlich des Krippenplatzes ein weiteres Viertel namens Tarajmah. Dieser Name leitet sich aus der Rolle der Bewohner des Viertels als Übersetzer und Führer der Pilger ab.

Während der osmanischen Periode siedelten sich drei weitere christliche Stämme in Bethlehem an. Die Bewohner des Antarah-Viertels südlich der Geburtskirche stammen aus dem Dorf Antar in der Nähe des Herodeions. Die Bevölkerung des Qawawseh-Viertels im Süden des Krippenplatzes kommen ursprünglich aus Tekoa. Und die Bewohner des Hraizat-Viertels im Norden des Krippenplatzes sind einst aus Um Tuba südlich von Jerusalem eingewandert.

Ebenfalls unter den Osmanen wurde das erste muslimische Viertel gegründet. Die Bewohner des Fawagrah-Viertels auf dem Berg westlich des Stadtzentrums kamen damals aus dem Dorf Fagur in der Nähe der Teiche Salomos. Das achte und historisch jüngste Viertel wurde erst im 20. Jahrhundert gegründet. Es handelt sich um das syrische Viertel, das sich genau nördlich der Marktplatzstufen am Sternplatz befindet. Diese Gruppe von Bewohnern Bethlehems hebt sich von den anderen dadurch ab, daß sie aus dem an die Türkei angrenzenden Gebiet Syriens stammt, in dem Aramäisch, also die Sprache der Zeit des Neuen Testaments, gesprochen wird. Einige Familien siedelten sich schon Mitte des 19. Jahrhunderts in Bethlehem an, aber der größere Teil von ihnen kam nach den Anfang des 20. Jahrhunderts in der Türkei verübten Massakern dorthin.

Noch heute öffnen sich in den alten Stadtvierteln viele der aus weißem Naturstein gebauten Häuser auf einen Innenhof. Neben der traditionellen Architektur, die gekennzeichnet ist durch enge Gassen und vielfältige Bogenformen, haben sich seit Beginn des 20. Jahrhunderts auch moderne Baustile entwickelt. Zum Teil wurden diese von zurückkehrenden Emigranten aus Amerika, Europa und den Golfstaaten beeinflußt.

Gesichter einer Stadt

Bäuerin aus El-Khader.

Links: Alter Mann mit Kuffiye, dem traditionellen palästinensischen Kopftuch. Gehalten wird das quadratische Tuch durch den doppelten Kopfring (Iqal), eine aus Ziegen- oder Kamelhaar gedrehte schwarze Schnur.

Seite 94 bis 97: Szenen aus dem Alltag.

Die Region Bethlehem besteht heute aus den drei Städten Bethlehem, Beit Sahour und Beit Jala sowie etwa 70 Dörfern. Von den etwa 140 000 Palästinensern, die in diesem Gebiet leben, sind 67 Prozent Muslime und 33 Prozent Christen.

Palästinenserin aus Bethlehem.

AVOCADO

عادل ناصر

Kapitel VI

Christlich-muslimische Koexistenz

Der Islam in Bethlehem

Der muslimische Kalender beginnt mit dem Jahr 622, in dem Mohammed seine Reise von Mekka nach Medina unternahm und dort die Gemeinschaft der Muslime gründete. Während der auf den Tod des Propheten folgenden Jahre breitete sich der Islam unter der Führung des zweiten Kalifen Omar Ibn al-Khattab auch im Heiligen Land aus.

Bethlehem ist auch für die Muslime ein religiös wichtiger Ort. Da Jesus (Isa) im Islam als ein Prophet angesehen wird und die Geschichte der Jungfrau Maria und der Geburt Jesu Teil des Koran ist, wird sowohl dem Weihnachtsfest als auch der Geburtskirche von den Muslimen eine große Bedeutung beigemessen.

Die Bedingungen für eine wechselseitige Toleranz zwischen Christen und Muslimen waren von Anfang an günstig. Als im Zuge der Eroberung Palästinas der Kalif Omar im Jahre 637 zum ersten Mal nach Bethlehem kam, lud ihn der christliche Patriarch Sophronius ein, in der südlichen Apsis der Geburtsgrotte zu beten. Seitdem ist es Brauch, daß die Muslime in diesem Teil der Kirche ihr Gebet verrichten; aus Achtung vor ihrem Glauben entfernten die Christen dort sämtliche Bilder.

Der Überlieferung zufolge reagierte der Kalif Omar mit der Verkündigung eines Edikts, das den Christen Sicherheit und ihrem Glauben und ihren Heiligtümern Achtung und Respekt versprach.

Kunstvoll verwobene arabische Schriftzeichen sind ein typisches Merkmal islamischer Kunst. Das Kreuz des Kalligraphen Adel Nasser zeigt den Einfluß dieser Kunst auf das Schaffen christlicher Maler. Der Text der Kalligraphie lautet: »Ehre sei Gott in der Höhe und Friede auf Erden und den Menschen ein Wohlgefallen« (Lukas 2, 14).

Die muslimische Bevölkerung

Während der letzten 2000 Jahre bestand fast immer eine enge Verbindung zwischen Bethlehem und dem Christentum. Die ersten Muslime, die sich Mitte des 18. Jahrhunderts in Bethlehem niederließen, stammten aus dem Dorf Fagour südwestlich der Teiche Salomos. Sie waren ursprünglich zur Zeit Salah ad-Dins im 12. Jahrhundert aus der Türkei und aus Kurdistan ins Heilige Land eingewandert. Während der osmanischen Herrschaft kam die Bevölkerung Fagours den Bethlehemitern gegen einen arabischen Scheich zu Hilfe, der sich ihnen gegenüber feindselig verhalten hatte. Aufgrund dessen wurden die Muslime eingeladen, sich im südwestlichen Teil Bethlehems auf dem weithin sichtbaren Berg, der heute das Stadtzentrum bildet, anzusiedeln. Dieser Stadtteil ist seitdem als das *Fawagrah*-Viertel bekannt.

Da die muslimische Bevölkerung Bethlehems lange hauptsächlich auf einen der acht Stadtteile Bethlehems beschränkt war, bildete sie selbst bei der britischen Volkszählung von 1933 noch eine kleine Minderheit. Damals lebten in Bethlehem unter den 6195 Einwohnern 420 Muslime, also weniger als sieben Prozent. Nach dem Krieg von 1948 begann sich die Situation zu ändern, unter anderem dadurch, daß in Bethlehem drei Flüchtlingslager eingerichtet wurden. Seit Anfang der achtziger Jahre gab es einen weiteren Einwanderungsschub, der hauptsächlich wirtschaftliche Gründe hatte. Angehörige des halbnomadischen Taamrah-Stammes nordöstlich von Bethlehem und ehemalige Bewohner Hebrons stellen den größten Teil dieser neuen Bürger der Stadt. Die Muslime haben heute einen Anteil von 59 Prozent an der Bevölkerung Bethlehems.

Brief des Kalifen Omar (637)

Ich danke dem Allmächtigen Gott, daß er uns die Ehre des Islam erwiesen, unsere Seelen mit der Einsicht des Glaubens veredelt und uns durch unseren muslimischen Propheten Mohammed (Friede sei mit ihm) Gnade zuteil hat werden lassen, uns aus unserer Rückständigkeit und Unwissenheit auf den rechten Weg geführt, aus einem Zustand des Niedergangs und der Uneinigkeit unsere Anstrengungen vereint, zwischen unseren Herzen vermittelt, uns bei der Niederwerfung unserer Feinde geholfen und uns befähigt hat, diese weitläufigen Gebiete und Völkerschaften zu regieren.

Dies ist Omar Ibn al-Khattabs Brief an den ehrwürdigen Patriarchen Sophronius von Elias Stadt auf dem Ölberg. Er ist ein Versprechen, allen Christen, Geistlichen und Nonnen, wo immer sie sich befinden und an jedem Ort, an den sie sich in unserem Land begeben möchten, um dort zu siedeln, Frieden und Sicherheit zu gewähren.

Ihre Kirchen, Häuser, Schreine sowie ihr Eigentum sollen innerhalb wie außerhalb Jerusalems sicher sein. Die Machtbefugnis des Patriarchen Sophronius soll sich zusätzlich zur Kirche des Heiligen Grabes in Jerusalem und zur Geburtskirche in Bethlehem mit ihren drei Toren, dem östlichen, nördlichen und südlichen, auf alle dort wohnenden christlichen Ethnien, unter ihnen die Iberer, Äthiopier, Kopten, Syrer, Armenier, Nestorianer, Jakobiter und maronitischen Pilger erstrecken.

Unser Prophet Mohammed befahl uns, allen, die an Gott glauben, einschließlich der Christen und Juden, gute Behandlung zuteil werden zu lassen. Getreu den Lehren des Islam und der Sunna unseres Propheten befreit der Kalif Omar die Christen von den seinerzeit eingeführten Steuern des Kharaj und Gaffer sowie von allen anderen Steuern auf dem Land und zur See. Die Christen müssen freundlich behandelt werden und sollen die Ausübung ihrer religiösen Rechte in der Grabeskirche in Freiheit genießen. Sämtliche Pilger, die die christlichen Schreine besuchen, müssen eine Gebühr von eineinhalb Durham Silber an den Patriarchen entrichten.

Jeder Muslim, ob ein Sultan, ein Richter, reich oder arm, ein Mann oder eine Frau, muß dem Geist dieser Vereinbarung gehorchen.

Dies ist geschrieben in Gegenwart der ersten Würdenträger des Islam, der Gefährten unseres Propheten Abdullah, Othman Ibn Affan, Saad Ibn Zeid und Abdel Rahman Ibn Auf. Jeder, der nach mir kommt, soll diese Vereinbarung seinem Nachfolger hinterlassen, damit er sie weiter befolge.

Dieses Dokument wurde geschrieben am 20. Rabi Awal im Jahre 15 nach der Hidschra.

Jeder, der die Vorschriften dieses Dokuments bricht, wird von nun an bis zum Tag des jüngsten Gerichts ein Feind Gottes und seines geliebten Propheten Mohammed sein.

Links: Die Omarmoschee im Zentrum Bethlehems mit ihrem schlanken Minarett. Von ihm aus ruft der Muezzin die Muslime zum Gebet.

Seite 102 und 103: Muslim beim Gebet. Als höchste islamische Pflicht ist das täglich fünfmal zu verrichtende Ritualgebet (Salat) an bestimmte Bedingungen und Zeiten gebunden. Auf die stehende Körperhaltung, in der die erste Koransure rezitiert wird, folgt nach einer Körperbeugung die sogenannte Suguda, bei der beide Handflächen, beide Knie und beide Fußspitzen den Boden berühren. Im Islam kann das Gebet überall verrichtet werden, am besten aber in einer Moschee; das Gesicht ist dabei nach Mekka gewandt.

Christliche und muslimische Bevölkerungsanteile unter den Palästinensern

Christen	*Jeweiliges Gebiet*	*Muslime*
7 %	*Weltweit*	93 %
3 %	*Gazastreifen und Westjordanland*	97 %
27 %	*Region Bethlehem*	73 %
41 %	*Stadt Bethlehem*	59 %
70 %	*Beit Jala*	30 %
83 %	*Beit Sahour*	17 %
13 %	*Palästinenser in Israel (zusätzlich 10 % Drusen)*	77 %

Die gut funktionierende christlich-muslimische Zusammenarbeit in der Gegenwart zeigt sich zum Beispiel daran, daß Christen und Muslime der Region Bethlehem in der Palästinensischen Nationalbehörde in genau gleicher Stärke vertreten sind. Der religiöse Pluralismus dokumentiert sich auch in der Arbeit des Al-Liqa-Zentrums, in dem der Dialog zwischen den verschiedenen christlichen Gruppen und die Begegnung zwischen Christen, Muslimen und Juden gefördert wird.

Die wichtigste Moschee der Muslime in Bethlehem ist die Omarmoschee an der Westseite des Krippenplatzes. Ursprünglich stand an dieser Stelle eine dem Evangelisten Johannes geweihte byzantinische Kirche. Der orthodoxe Patriarch schenkte 1861 dieses Kirchengelände der muslimischen Gemeinschaft, um es für den Bau einer Moschee zu nutzen. Die heutige Moschee wurde 1954 errichtet.

Ein Heiliger zweier Konfessionen: El-Khader

In der Volksreligion Palästinas spielt die Figur El-Khaders eine führende Rolle. Die Wurzeln der Geschichte El-Khaders reichen bis auf die syrischen und babylonischen Fruchtbarkeitsgötter Adonis und Tammus, das Gilgameschepos und auf Alexander den Großen zurück. Er wird als eine Figur gesehen, die die Quelle der ewigen Jugend sucht. In der christlichen Tradition wird er sowohl mit dem alttestamentlichen Propheten Elias als auch mit dem Heiligen Georg in Verbindung gebracht. Der Name El-Khader stammt jedoch aus dem Koran. Da er eine Figur verkörpert, die niemals stirbt, erscheint er in ganz unterschiedlicher Form überall in Palästina.

Die wörtliche Bedeutung des Namens »El-Khader« ist »Der Grüne«. Von daher paßt diese Figur besonders gut zur Region Bethlehem, da auch sie mit der Vorstellung von Fruchtbarkeit verbunden ist. Viele Paare, bei denen der Kindersegen ausbleibt, rufen ihn um Hilfe an und weihen ihm später ihre Kinder. Andere erbitten seine Hilfe bei der Heilung von Krankheiten.

Südlich von Bethlehem liegt das Dorf El-Khader. Dort befindet sich eine griechisch-orthodoxe Kirche, die dem Heiligen Georg geweiht ist und sowohl von Muslimen als auch von Christen regelmäßig besucht wird. Am Dorfeingang steht ein Steinrelief, auf dem zu sehen ist, wie der Heilige Georg von seinem Pferd aus den Drachen tötet. Hier zeigt sich die Gleichsetzung der Figur des El-Khader mit der des Heiligen Georg im Volksglauben. In Bethlehem haben viele christliche und muslimische Häuser ein Steinrelief des Heiligen Georg mit dem Drachen über ihrem Eingang.

Das Interesse an El-Khader und dem Heiligen Georg zeigt, daß die Volksreligion örtliche Traditionen oft viel dauerhafter bewahrt als die etablierten religiösen Gemeinschaften, die solchen Überlieferungen manchmal kritisch gegenüberstehen.

(Nasiri Khusru, Pilger aus dem 11. Jahrhundert)

Islamische Pilgerreisen

Eine der religiösen Hauptsäulen des Islam ist die große Pilgerreise nach Mekka, die als der *Hadsch* bekannt ist. An sich wird von allen Muslimen erwartet, daß sie diese Reise irgendwann im Laufe ihres Lebens einmal unternehmen.

Jerusalem gilt im Islam als die drittheiligste Stätte, und dem Gebet im Felsendom wird eine große Bedeutung beigemessen. Viele Muslime unternehmen daher eine Pilgerreise nach Jerusalem und setzen von dort aus ihre Reise nach Hebron fort, wo sich die Gräber der Patriarchen befinden. Die Geburtsstätte Jesu in Bethlehem ist für diese Pilger hierbei ein selbstverständlicher Zwischenaufenthalt.

Muslime vor dem Felsendom in Jerusalem.

Kapitel VII

Wirtschaft und Kultur in Bethlehem

Landwirtschaft

Während Bethlehem heute eine moderne Stadt ist, liegen die Wurzeln seiner Bewohner nach wie vor in der Landwirtschaft. Die Bevölkerung ist immer eng mit dem Boden verbunden gewesen. Das Bild der Ruth, die in den Feldern des Boas Ähren aufliest, ist uns von verschiedenen Künstlern überliefert. Die Fruchtbarkeit der Felder führte zu dem Namen *Bethlehem, Haus des Brotes*. Wann immer von Hirten die Rede ist, muß man unwillkürlich an den jungen Hirten David oder die Bethlehemer Hirten der Weihnachtsgeschichte denken. Auch der Prophet Amos bezeichnet sich als Hirte und Maulbeerzüchter.

Der Olivenbaum

Im Arabischen wird zur Bezeichnung des Olivenbaums oft der Ausdruck *El-Shajarah el-Mubarakah* verwendet. Der Olivenbaum ist demnach der *gesegnete Baum*, weil Gott den Menschen durch ihn viele Gaben für ihr Leben zukommen läßt.

Der Olivenbaum eignet sich ideal für die Landschaft um Bethlehem. Er braucht nur wenig Erde für seine Wurzeln und kommt mit geringsten Wassermengen aus. Er gehört zur Familie der Koniferen. Seine kleinen Blätter saugen das Sonnenlicht auf und tragen somit zu einem hohen Ertrag an Früchten bei. Die Lebenszeit eines Olivenbaums beträgt mehrere Generationen. Er erfordert besondere Sorgfalt bei der Pflanzung seiner Schößlinge und braucht viele Jahre, bis er erstmals Früchte trägt. Der Boden muß oft gepflügt, und die Zweige des Baumes müssen beschnitten werden. Olivenbäume im Alter von Hunderten von Jahren sind nichts Ungewöhnliches.

Der Olivenbaum ist ein Symbol für die enge Verbindung des palästinensischen Volkes mit seinem Land. In dieser Tradition pflanzt man Olivenbäume nicht für sich selbst, sondern für seine Kinder und Enkel und späteren Nachkommen. Umgekehrt ist die achtlose Zerstörung eines Olivenbaums ein schweres Vergehen, da sie die Arbeit der Vorfahren nicht würdigt und späteren Generationen Schaden zufügt. Um so mehr beklagen die Palästinenser den großen Verlust an Olivenbäumen unter israelischer Besatzung durch Enteignung und Zerstörung in Form von Kollektivstrafen.

Die Olivenernte ist eines der wichtigsten Ereignisse des Jahres. Schon im September, wenn die Früchte allmählich heranreifen, beginnen die Menschen mit den Vorbereitungen; oft stellen sie Wachleute an, die die Bäume bewachen. Die Ernte selbst findet während mehrerer Wochen im Oktober statt. An ihr beteiligt sich die ganze Familie, so daß die Schüler während dieser Zeit schulfrei bekommen. Der Tradition entsprechend werden dann Zelte in den Olivenhainen aufgeschlagen. Bei der Ernte steigen die Männer auf die Bäume, pflücken die Oliven von den Zweigen und werfen sie hinunter auf ausgebreitete Tücher, wo sie von den Frauen aufgesammelt werden.

Der spirituelle Charakter der Olivenernte wird durch drei Dinge hervorgehoben. Die wiederholte Anrufung des Namens Gottes erinnert alle daran, von wem die Gabe stammt. Ebenso ist es Brauch, eine große Menge Oliven auf der Erde zurückzulassen, damit die Armen sie aufsammeln können. Und schließlich findet am

Links: Heimkehr von der Arbeit auf dem Felde.

Olivenernte

Ende der Ernte eine Erntedankfeier statt. Dieses Fest geht auf die Zeit der Kanaaniter zurück, wurde von den Juden in Form des *Sukkot*-Festes (Laubhüttenfest) übernommen und fand als Erntedankfest auch in Europa und Amerika Verbreitung.

Die Oliven werden dann frisch gegessen oder in Salzwasser, Limonenextrakt oder Weinessig konserviert. Ein anderer Teil der Ernte kommt in die Olivenpresse, wo er zu Öl verarbeitet wird. Dieser Prozeß besteht aus mehreren Schritten. Zuerst wird ein großes, von einem Zugtier gedrehtes Steinrad dazu benutzt, die Früchte zu zerquetschen. Dann werden die Überreste in Säcke gefüllt, in denen sie von schweren Gewichten zusammengedrückt werden, um das Öl herauszupressen. Das erste Öl, das herauskommt, das »jungfräuliche Öl«, wird zum Kochen verwendet. Das Olivenöl wird ferner für Kosmetika und Medizin, für religiöse Gebräuche und als Lampenbrennstoff verwendet.

Die übriggebliebenen Hülsen werden nicht weggeworfen, sondern getrocknet und zusammen mit abgeschnittenen Zweigen als Brennstoff verwendet. Der Olivenbaum dient dem Menschen also auf vielfältige Weise.

Aufgrund der großen Bedeutung des Olivenbaums ist dieser auch mit einer Reihe von Symbolen für verschiedene Bereiche des menschlichen Lebens verbunden. Wenn die Menschen in schwierigen Zeiten von einer fremden Macht unterdrückt werden, gleichen sie Oliven in der Presse. Umgekehrt wird der Olivenzweig seit der Zeit Noahs als Symbol der Hoffnung und des Friedens angesehen.

Olivenölfabrik in Beit Jala.

Früchte und Nüsse

Die Bevölkerung der Bethlehemer Region ist immer noch sehr stark vom Landleben geprägt. Zu einem Großteil besteht sie aus Bauern, und auch die Stadtbewohner besitzen ihre eigenen Gärten und Obstplantagen. Die Kultivierung verschiedener Arten von Früchten und Nüssen eröffnet ihnen während des ganzen Jahres eine zusätzliche Nahrungs- und Einkommensquelle.

Seit Adam und Eva sich aus Feigenblättern Kleider machten und Noah nach der Sintflut als erstes einen Weingarten pflanzte, hat der Anbau von Weintrauben und Feigen in diesem Gebiet immer eine wichtige Rolle gespielt. Weintrauben und Feigen werden das erste Mal schon in 4300 Jahre alten literarischen Texten als charakteristisch für das Heilige Land erwähnt. Sie werden im August und September geerntet und dann auf den Dächern getrocknet, damit sie während des ganzen Jahres gegessen werden können. Sie sind Symbol für ein Leben in Frieden und Wohlstand: »Ein jeder wird unter seinem Weinstock und Feigenbaum wohnen, und niemand wird sie schrecken« (Micha 4, 4).

Ebenso wie Weintrauben und Feigen werden von Moses Granatäpfel als typische Früchte des Heiligen Landes erwähnt (5 Mose 8, 8). So ist es nicht überraschend, sie oft in antiken Skulpturen dargestellt zu finden. Im frühen März werden Mandeln geerntet, womit das Ende des Winters und der Beginn des Frühlings angezeigt werden. In Jeremia 1, 11-12 ist der Mandelzweig Symbol für die Erfüllung der Worte Gottes. Die Aprikosen Beit Jalas, die erst im Mittelalter eingeführt wurden, haben den Ruf, die besten der ganzen Gegend zu sein. Da die genannten Obst- und Nußarten nicht viel Wasser brauchen und der harten Witterung Widerstand leisten können, kommen sie in der Umgebung Bethlehems sehr häufig vor.

Weizen und Gerste

Der Überlieferung zufolge nahmen Adam und Eva, als sie den Garten Eden verließen, eine Weizenähre mit sich. Archäologische Ausgrabungen scheinen darauf hinzudeuten, daß Weizen eine der ersten von Menschen kultivierten Pflanzen gewesen ist. Im Irak zum Beispiel sind 7000 Jahre alte Weizenkörner entdeckt worden. Bei den alten Sumerern spielte der Weizen eine so große Rolle, daß er das wichtigste Gewichtsmaß darstellte.

Das fruchtbare Gebiet um Beit Sahour war bekannt für den Anbau dieses Getreides. Die biblische Geschichte von Ruth spielt in der Umgebung Bethlehems, und die Menschen dort sprechen immer noch von den Feldern des Boas, in denen Ruth nach übriggebliebenen Getreideähren suchte. Der Brauch, vom geernteten Getreide etwas auf dem Feld zurückzulassen, war üblich, um sicherzustellen, daß auch die Armen genügend zu essen hatten.

Eine alte Geschichte beschreibt die Großzügigkeit der Bethlehemiter am Dreschplatz:

Es waren einmal zwei Brüder; der eine Bruder war mit Söhnen und Töchtern gesegnet, der andere hatte keine Kinder. Ihre Dreschplätze lagen nebeneinander, und der Bruder, der keine Kinder hatte, sagte sich: »Mein Bruder hat eine große Familie, er braucht mehr Korn als ich.« So nahm er in der Nacht Korn von seinem Dreschplatz und legte es zu dem Korn seines Bruders. Am nächsten Tag dachte der mit der großen Familie: »Mein Bruder hat keine Kinder. Ich will ihm eine Freude machen und ihm mehr Korn geben. Heute nacht werde ich ihm etwas Korn auf seinen Dreschplatz legen, um ihn zu überraschen.« Und dies tat er dann. Und so wurde beiden Brüdern Segen zuteil.

Weizen und Gerste werden beide zum Brotbacken verwendet, und Brot gilt als die Quelle des Lebens. Es gibt mehrere beliebte Sorten, darunter das traditionelle *Khobez el-Tabun*, das im Tonofen gebacken wird.

Ährenlesen und Getreidewenden

Rechts: Khobez el-Tabun

Industrie

Zur Wirtschaft Bethlehems, Beit Sahours und Beit Jalas, bei denen es sich heute um moderne Städte handelt, gehören auch eine Reihe von Fabriken, die Textilien, Plastik und Nahrungsmittel herstellen. In Beit Sahour gibt es zudem eine Nudelfabrik.

Ein wichtiger Rohstoff für die Industrie und das Baugewerbe ist der Kalkstein. Das Gebiet um Bethlehem liegt in einer Region, die schon zu biblischen Zeiten das Judäische Bergland genannt wurde. Die aus Kalkstein bestehenden Berge sind nur von einer dünnen Erdschicht und Vegetation bedeckt, so daß große Steinmassen freiliegen.

In Bethlehem und Umgebung befinden sich die größten Steinbrüche des Westjordanlandes. Viele der älteren sind zugeschüttet und überbaut worden, wie zum Beispiel nördlich der Geburtskirche an der Straße zu Rahels Grab. Weitere Steinbrüche finden sich in der gesamten Region.

Aufgrund traditioneller ästhetischer Vorlieben und des Charakters der Landschaft sind alle Häuser aus Stein gebaut. Daher ist das Steinmetzhandwerk eines der ältesten Handwerke in Bethlehem und Umgebung. In den letzten 30 Jahren hat sich die Arbeit der Steinmetze mit der Entwicklung neuer elektrischer Sägen jedoch stark verändert. Für die Fassade von Gebäuden können jetzt flachere Steine hergestellt werden. Aber ungeachtet der modernsten Techniken und Maschinen gilt die traditionelle Steinbearbeitung mit Hammer und Meißel weiterhin als unersetzlich.

Der Slayib-Steinbruch in Beit Jala ist besonders bemerkenswert, weil er Herkunftsort eines rosenroten Steins ist. Von hier stammt vermutlich das Material für die Säulen in der Geburtskirche. 1958 wurden hier rote Steinblöcke für den Bau des haschemitischen Königspalastes in Bagdad hergestellt.

Heute wird mehr als die Hälfte des in Bethlehem gebrochenen Steins nach Israel exportiert. In vielen arabischen Ländern, besonders in den Golfstaaten, besteht eine besondere Nachfrage nach Baustein aus Bethlehem.

Da die Bewohner des Gebiets traditionell Bauern waren, ist über viele Jahrhunderte hinweg die Kunst des Terrassenbaus praktiziert worden, um der Erosion entgegenzuwirken und das geringe Maß an für Kultivierungszwecke verfügbarem Boden maximal auszunutzen. Die über die Abhänge der Berge verstreuten Steinterassen sind auch heute noch ein schöner Anblick.

Seite 112 und 113: Schafhirten in der Umgebung von Bethlehem.

Rechts: Steinmetzwerkstatt in Bethlehem.

Links: Menschen bei ihrer täglichen Arbeit.

Perlmutt- und Olivenholzhandwerk

Die Bearbeitung von Perlmutt ist eines der erfolgreichsten Kunsthandwerke in Bethlehem und seiner Umgebung. Dieses Handwerk stammt natürlich ursprünglich nicht aus der Region selbst. Das Material dafür kam zunächst vom Roten Meer und wird heute aus Neuseeland importiert.

Die Arbeitstechnik führten wahrscheinlich die Franziskaner ein, die zu diesem Zweck im 14. Jahrhundert Künstler aus Italien ins Heilige Land baten. Ein Franziskanermönch des 16. Jahrhunderts, Pater Bernard Amico, war bekannt für seine Miniaturnachbildungen von Kirchen aus Perlmutt. Zu den wichtigsten aus Perlmutt hergestellten Gegenständen gehören Rosenkränze, Kreuze und Schmuckkästchen.

Schnitzereien aus Olivenholz sind ein »natürlicheres« Produkt Bethlehems und seiner Umgebung, in der Olivenbäume in großer Zahl vorhanden sind. Angeblich war es der Heilige Franziskus, der in seiner Heimatstadt Assisi die Geburtskrippe als Schnitzerei einführte. So ist es verständlich, daß diese Kunst der Franziskaner, die sie später auch in ihren Berufsschulen lehrten, in Bethlehem überliefert ist. Aufgrund ihrer abwechselnd hellen und dunklen Holzfasern sind die Olivenholzskulpturen sehr beliebt.

Sowohl das Perlmutt- als auch das Olivenholzschnitzhandwerk stehen in enger Beziehung zur Tourismusindustrie und der ständigen Präsenz einer großen Zahl von Pilgern in Bethlehem. Gleichzeitig sind sie ein wichtiger Exportartikel. Es gibt Berichte über Präsentationen dieser Produkte auf Weltausstellungen am Ende des 19. Jahrhunderts, und viele Bethlehemer Bürger haben in Brasilien, Mexiko, den Vereinigten Staaten und anderen Ländern internationale Handelsnetze aufgebaut.

Arbeiter in einer Kerzenfabrik. Kerzen sind ein beliebtes Souvenir aus Bethlehem.

Das Perlmutthandwerk hat in Bethlehem eine lange Tradition; es wurde zwischen dem 14. und 16. Jahrhundert aus Damaskus eingeführt. Das Perlmutt wird vor allem für Intarsien-Arbeiten benutzt. Bei der Darstellung handelt es sich um eine Zeichnung von Charles Wilson aus dem Jahre 1865.

UMBRO

Tourismus

Seit den Pilgerreisen des Mittelalters bis zum Aufkommen des modernen Tourismus ist Bethlehem immer für seine Gastfreundschaft bekannt gewesen.

Allein im Jahre 1995 kamen eine Million Besucher in die Stadt; das bedeutet im Durchschnitt 50 Reisebusse pro Tag. Trotz dieser hohen Zahl war die wirtschaftliche Bedeutung des Tourismus allerdings nicht sehr groß, da sich der Besucher in der Regel nur etwa 45 Minuten in Bethlehem aufhielt, während er eine viel längere Zeit in Israel verbrachte. Der Tourismus war bis 1995 vollkommen von der israelischen Besatzung abhängig.

Seit Beginn der palästinensischen Selbstverwaltung hat Bethlehem eine eigene Tourismusbehörde, welche die erfolgreichen Traditionen des Tourismus aus der Zeit vor 1967 wiederzubeleben versucht, zugleich aber auch eigene Ideen wie das Projekt *Bethlehem 2000* entwikkelt. 30 Jahre israelische Besatzung haben der einstmals blühenden palästinensischen Tourismusindustrie großen Schaden zugefügt. Da es keine Genehmigungen gab, konnten keine neuen Hotels gebaut werden, während auf israelischer Seite gleichzeitig Hunderte von Hotels entstanden. Die Zahl der palästinensischen Tourismusunternehmen ist zurückgegangen, während sich die der israelischen Reiseagenturen verzwölffacht hat. Durch gesetzliche Einschränkungen ging bei der Pensionierung palästinensischer Reiseführer auch deren Lizenz verloren, so daß es heute nur noch 50 von ihnen gibt. In Israel arbeiten dagegen mittlerweile 4000 Touristenführer.

Die Palästinensische Nationalbehörde plant eine vielfältige Entwicklung des Tourismus, und die Stadt Bethlehem hat hierbei eine wichtige Funktion übernommen. Es war kein Zufall, daß Elias Freij, der langjährige Bürgermeister Bethlehems, erster palästinensischer Tourismusminister wurde.

Links: Olivenholzwerkstatt und religiöse Souvenirartikel. Das Olivenholzhandwerk wurde schon im 14. Jahrhundert von den Franziskanern nach Bethlehem gebracht. In der Stadt gibt es über 100 Werkstätten für Perlmutt- und Olivenholzarbeiten. Biblische Figuren, Krippen und kleinere Gebrauchsgegenstände gehören zu den häufigsten Schnitzereiprodukten.

In Bethlehem wurden seit 1995 bereits einige neue Hotels gebaut; außerdem entstanden neue Reiseagenturen. Die Universität Bethlehem bietet Kurse im Hotelmanagement an, so daß eine neue Generation in der Lage sein wird, das Tourismusgeschäft wiederzubeleben. Darüber hinaus gibt es inzwischen sehr gute Kurse für palästinensische Reiseführer, die in Zukunft in großer Zahl benötigt werden.

Die Bethlehemer Anstrengungen im Tourismusbereich sind bereits auf eine positive Resonanz gestoßen: Anläßlich der Internationalen Tourismusbörse 1997 in Berlin erhielt das Internationale Begegnungszentrum in Bethlehem einen Preis für sozial verantwortlichen Tourismus.

Das Projekt *Bethlehem 2000* hat Ressourcen zur Förderung eines großen Stroms von Touristen und Pilgern mobilisiert. Die Restauration des Krippenplatzes ist eine der Attraktionen, die den Aufenthalt in Bethlehem für Besucher angenehmer machen sollen. Das touristische Potential der Stadt ist groß genug, um Israelis und Palästinensern eine Gelegenheit zur Zusammenarbeit zu bieten. Die Palästinenser Bethlehems haben den Touristen und Pilgern viel zu bieten: eine Stadt mit engen historischen und religiösen Verbindungen zum nahegelegenen Jerusalem, die Region Bethlehem mit ihrem geschichtlichen Reichtum und ihrer landschaftlichen Schönheit sowie die traditionelle Gastfreundschaft der Menschen selbst.

Mit Sicherheit wird ein offener und von den Einschränkungen der Vergangenheit freier Tourismus nicht nur für die Wirtschaft Bethlehems, sondern auch für den Friedensprozeß insgesamt einen wichtigen Beitrag leisten können.

Musik, Gesang und Tanz

Wie im übrigen Palästina so besteht auch in Bethlehem und seiner Umgebung eine enge Verbindung zwischen Musik, Gesang und Volkstanz. Alle palästinensischen Volkstänze werden von Musik und Gesang begleitet. Lieder ohne Tanz kommen bei volkstümlichen Festen relativ selten vor, und umgekehrt finden Tänze am häufigsten im Rahmen musikalischer Darbietungen statt. So entsteht eine künstlerische Einheit aus verschiedenen Elementen – Musik, Gesang und Tanz.

Das Repertoire an palästinensischen Musikinstrumenten besteht aus Saiten-, Blas- und Rhythmusinstrumenten. Zu den wichtigsten Saiteninstrumenten zählen neben der »Ud« (arabische Laute) die »Rebabe« (einsaitiges Streichinstrument) und die »Qanun« (eine Art Zither). Unter den Blasinstrumenten haben die «Naiy« und der »Midschwis« (einfache und doppelte Rohrflöte) sowie die »Schababe« (Längsflöte aus Metall) und der »Urghul« (bestehend aus zwei verschieden langen Rohren) die größte Verbreitung. Die am häufigsten verwendeten Rhythmusinstrumente sind die »Durbaka« (konische Trommel mit Keramikkörper), der »Tabl« (normale Trommel) sowie der »Daft« (Tamburin).

Volkstänze werden in Palästina überwiegend bei freudigen Anlässen getanzt, vor allem bei Volksfesten, Hochzeiten und religiösen Festen. Die »Dabke«, der bekannteste palästinensische Volkstanz, wird zu Melodien auf dem »Midschwis«, dem »Urghul« oder der »Schababe« getanzt. Die Tänzer bilden dabei einen offenen Kreis, der vom »Lawih« gelenkt wird. Dieser schwenkt ein Tuch und dirigiert die Tänzer mit Bewegungen seiner Augen und Hände. Der Tanz beginnt mit einem Solospiel auf einem der genannten Instrumente. Dann fängt der »Qawil«, der Sänger der Gruppe, zu singen an, und die Gruppe beginnt mit leichten, einförmigen rhythmischen Bewegungen der Füße. Auf Anweisung des »Lawih« steigert sich bald deren Tempo. Nun beginnt sich die Gruppe mit gewandten Bewegungen um den Musiker zu drehen, wobei die Kreisform beibehalten wird, während sich der »Lawih« von Zeit zu Zeit von der Gruppe trennt und nach dem vorgegebenen Rhythmus freie Bewegungen ausführt. Musiker und Sänger setzen indessen Spiel und Gesang fort. Die Bewegungen der Tänzer verlieren während des Gesangs an Tempo, steigern sich aber wieder zwischen den Gesangsstufen. Die Liedtexte haben oft großen Einfluß auf die Entfaltung der Gefühle, und die Steigerung der tänzerischen Bewegungen begeistern auch die Zuschauer und animieren sie zum Mittanzen. Im Norden Palästinas tanzen Männer und Frauen die »Dabke« gemeinsam, während in anderen Gegenden die Frauen besondere Kreise bilden.

Wie in der gesamten arabischen Welt gibt es auch in Palästina nur selten Musikdarbietungen ohne Solo- oder Gruppengesang. Das liegt daran, daß die Araber dem gesprochenen Wort einen sehr hohen Stellenwert einräumen und ein reiches Erbe an Gedichten existiert, das die arabische Gefühlswelt, die Künste im allgemeinen sowie Musik und Gesang im besonderen beeinflußt hat. Das gilt auch für das palästinensische Volkslied.

Die meisten palästinensischen Volksmelodien sind relativ einfach im Aufbau ihrer musikalischen Struktur und reich an Wiederholungen. Dadurch wird aber das künstlerische Gefühl bei Musikern, Sängern, Tänzern und Hörern gleichzeitig gesteigert. Die Sänger verlassen manchmal die vorgegebene Melodie, improvisieren, orientieren sich nur am Rhythmus und am musikalischen Grundton, auf dem die Melodie basiert. Damit fügen sie dem Lied eine Art Ornamentik ein.

Seite 121 unten: Dabke-Tanzgruppe und Flötenspieler.

Oben: Das Alte Bethlehemhaus. Die Frauenvereinigung Bethlehems hat in einem der ältesten Häuser der Stadt ein Museum eingerichtet, in dem in fünf Ausstellungsräumen der traditionelle Wohn- und Lebensstil der Palästinenser gezeigt wird. Ausgestellt werden auch Werkzeuge und Haushaltsgegenstände.

Seite 122: Palästinensische Bäuerin in traditioneller Tracht (Foto aus dem Jahre 1870). Der mit Gold- und Silbermünzen verzierte Hut (Schatwe) und der darüber liegende Schleier (Tarbia) symbolisieren den Status einer verheirateten Frau.

Seite 123: Palästinensisches Stickereikleid, wie es auch heute noch zu festlichen Anlässen getragen wird, vor allem in der ländlichen Umgebung Bethlehems. Das Oberteil (Kabe) ist verziert mit unterschiedlichen geometrischen Mustern, die aus bunten Seidenfäden gestickt sind. Bethlehem ist bekannt für seine schönen Stickereiarbeiten.

Junge Palästinenserinnen auf einer politischen Kundgebung bei Abu Gneim (Har Homa).

Palästinensische Polizistin.

Kapitel VIII

Die politische Situation in Bethlehem seit 1995

Die Friedensabkommen von Oslo

Am Abend des 21. Dezember 1995 wurde in Bethlehem die palästinensische Selbstverwaltung (Autonomie) eingeführt: Die palästinensische Polizei war von nun an für die öffentliche Ordnung verantwortlich, und die israelischen Streitkräfte zogen nach 28jähriger Besatzung aus der Stadt ab. Die Bewohner Bethlehems konnten nun nach der aufeinanderfolgenden Herrschaft der Osmanen, der Briten, der Jordanier und der Israelis erstmals selbst über ihre Zukunft bestimmen.

Die Einführung der Selbstverwaltung wurde durch Feiern auf dem Krippenplatz, die Ankunft der palästinensischen Polizei, das Hissen der palästinensischen Fahne und die erste Ansprache des PLO-Vorsitzenden

Yassir Arafat auf der Weihnachtsfeier in Bethlehem mit dem griechisch-othodoxen Patriarchen.

Demonstration gegen die israelische Besatzungsmacht während der Intifada.

Yassir Arafat in Bethlehem einige Tage später zelebriert. All dies markierte einen Neubeginn, gekennzeichnet durch die Hoffnung und Freude des ersten Weihnachtsfestes, das die Bevölkerung Bethlehems unter palästinensischer Verwaltung feiern konnte.

Die Selbstverwaltung Bethlehems und eines Teils der besetzten Gebiete war Resultat der Friedenskonferenz von Madrid (Oktober 1991) sowie der beiden Oslo-Abkommen von 1993 (Oslo I) beziehungsweise 1995 (Oslo II).

Die **Friedenskonferenz von Madrid** unter dem gemeinsamen Vorsitz der Vereinigten Staaten und der Sowjetunion basierte auf den Prinzipien der UN-Resolutionen 242 und 338, welche eine Friedenslösung auf der Grundlage der Rückgabe der von Israel 1967 besetzten Gebiete zum Ziel hatten (»Land gegen Frieden«). Die Konferenz bildete den Auftakt zu zahlreichen bilateralen Verhandlungen zwischen Israel und den Palästinensern sowie Jordanien, Syrien und dem Libanon. Als Ergebnis der Konferenz wurden Arbeitsgruppen zu wichtigen regionalen Einzelfragen eingerichtet: wirtschaftliche Entwicklung, Flüchtlinge, Wasser, Umweltschutz, Rüstungskontrolle und regionale Sicherheit. Dieser Prozeß führte zu einer Reihe von Abkommen zwischen Israel und seinen Nachbarn.

Das **Oslo-I-Abkommen**: Mit der Unterstützung des norwegischen Außenministers Johan Jörgen Holst führten geheime Verhandlungen zwischen der PLO und Israel zur sogenannten Osloer Prinzipienerklärung (Oslo I), die in erster Linie die gegenseitige Anerkennung Israels und der PLO zum Inhalt hatte. Die Frage der gegenseitigen Anerkennung war bis zu diesem Zeitpunkt eines der wichtigsten Hindernisse für eine Friedensregelung gewesen, da die PLO-Charta das Existenzrecht Israels verneinte und die israelische Regierung jegliche Verhandlungen mit der PLO bis zu diesem Zeitpunkt abgelehnt hatte. Der berühmte Händedruck zwischen Yitzhak Rabin und Yassir Arafat während der Unterzeichnungszeremonie auf dem Rasen des Weißen Hauses am 13. September 1993 galt weltweit als Symbol für den Durchbruch zum Frieden.

Das Oslo-I-Abkommen basierte auf dem Prinzip des gegenseitigen Vertrauens, so daß man sich auf dieser Grundlage von künftigen Verhandlungen erfolgversprechende Lösungen erhoffte. In der Präambel der Osloer Prinzipienerklärung verpflichteten sich beide Parteien, »Jahrzehnte der Konfrontation und des Konfliktes zu beenden, gegenseitig ihre legitimen und politischen Rechte anzuerkennen und nach einem Leben in friedlicher Koexistenz und in gegenseitiger Würde und Sicherheit zu streben und danach eine gerechte, dauerhafte und umfassende Friedensregelung sowie eine historische Aussöhnung auf dem Weg des vereinbarten politischen Prozesses zu erreichen«.

Auf diese Weise sollte die Behandlung der schwierigeren politischen Fragen auf später verschoben werden. Geplant war dies zuerst für 1996, die Gespräche wurden jedoch immer wieder vertagt. Die Verhandlungen über den endgültigen Status des Westjordanlandes und des Gazastreifens sollten sich auf die strittigen Bereiche Grenzen, Sicherheitsfragen, die israelischen Siedlungen, die Flüchtlingsfrage und Jerusalem beziehen. Die vertrauensbildende Maßnahme hinsichtlich der palästinensischen Selbstverwaltung für eine Interimsperiode wurde jedoch schon mit dem Oslo-I-Abkommen eingeleitet und mit dem Kairo-Abkommen vom Mai 1994 abgeschlossen; beide Abkommen hatten den sofortigen Abzug der israelischen Truppen aus Jericho und dem Gazastreifen sowie die Errichtung einer Palästinensischen Nationalbehörde zum Inhalt.

Die Übertragung der Verwaltungsaufgaben im Westjordanland bezog sich nicht nur auf bestimmte Gebiete, sondern betraf auch Fragen der inneren Angelegenheiten wie Erziehung, Kultur, Gesundheitsfürsorge, Soziales und Tourismus. Bis zum August 1995 sind verschiedene Abkommen unterzeichnet worden, welche den Palästinensern unter anderem auch die Zuständigkeit in den Bereichen Landwirtschaft, Energie, Kommunalverwaltung, Handel, Industrie sowie in Steuerangelegenheiten übertrugen.

Anfänglich bestand die Haupteinnahmequelle der Palästinensischen Nationalbehörde in Steuern, die von den Palästinensern gezahlt, aber von der israelischen Regierung eingezogen und überwiesen wurden. Zur Aufsicht über das Bankensystem, das die israelische Währung benutzte, wurde eine palästinensische Geldbehörde eingerichtet. Für den Erfolg des Friedensprozesses maß das Oslo-I-Abkommen der wirtschaftlichen Entwicklung in Palästina eine besondere Bedeutung zu. Dies erfordert eine enge Zusammenarbeit zwischen der israelischen Regierung und der palästinensischen Verwaltung. Sie hängt ferner stark von der Unterstützung der internationalen Staatengemeinschaft ab. Obwohl die israelische Politik weiterhin die Handelsbeziehungen mit ausländischen Staaten bestimmte, arbeitete das palästinensische Ministerium für Planung und internationale Zusammenarbeit mit der Weltbank zusammen, so daß Freihandelsabkommen mit den Vereinigten Staaten, der Europäischen Union und einigen anderen Ländern abgeschlossen werden konnten. Eine Reihe von Geberländern sagte für eine fünfjährige Periode von 1993 bis 1998 wirtschaftliche Unterstützung zum Aufbau der Infrastruktur in Höhe von mehr als drei Milliarden Dollar zu, wobei die Hauptunterstützung (jeweils über 200 Millionen Dollar) aus den Vereinigten Staaten, der Europäischen Union, Japan, Saudi-Arabien, von der Europäischen Investment Bank und von der Weltbank kam. Obwohl dieses Engagement nicht unbeachtlich ist, ist der von den Geberländern zur Verfügung gestellte Gesamtbetrag nicht höher als die jährliche finanzielle Unterstützung der Vereinigten Staaten für Israel.

Das **Oslo-II-Abkommen** vom September 1995 legte Einzelheiten über die territoriale Ausdehnung und die Kontrollbefugnisse der palästinensischen Verwaltung fest. Dieses Abkommen teilte das Westjordanland und den Gazastreifen in drei Zonen auf. Die Zone A umfaßt drei Prozent des Westjordanlandes, vor allem die wichtigsten Bevölkerungszentren. Hierzu gehören Tulkarem, Kalkilya, Jenin, Nablus, Ramallah, Bethlehem, Jericho und Hebron. Die Umgruppierung der israelischen Streitkräfte wurde im Herbst 1995 für die ersten sechs dieser Städte durchgeführt, ein Prozeß, der in den Weihnachtsfeiern in Bethlehem seinen Höhepunkt erreichte. Die Truppenumgruppierung für Hebron erfolgte aufgrund der politischen Entwicklung erst im Januar 1997. Zone A untersteht der Kontrolle der Palästinensischen Nationalbehörde. Zur Zone B gehören mit 25 Prozent des Westjordanlandes etwa 450 palästinensische Dörfer. Für diese Gebiete wurde eine

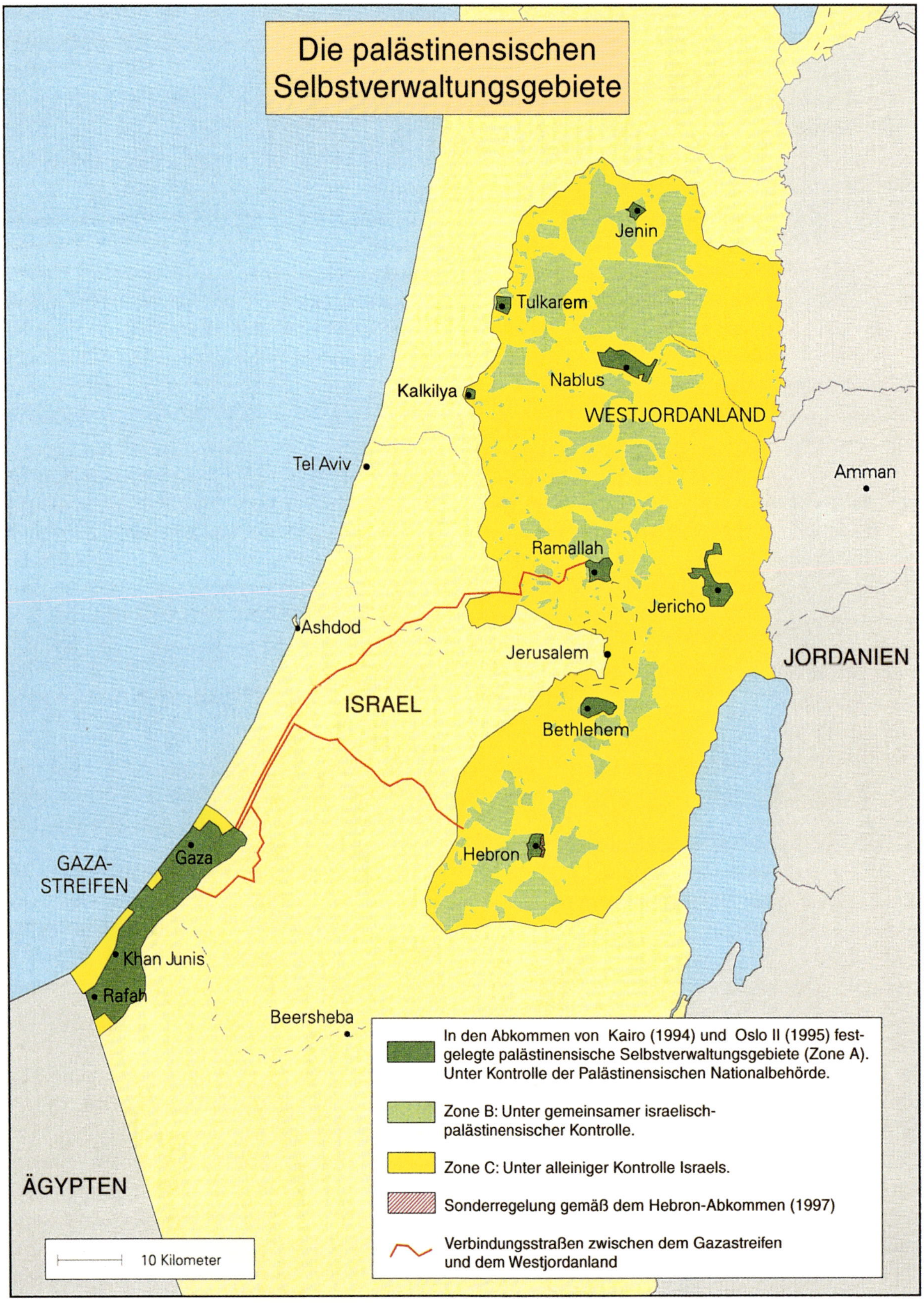
Die palästinensischen
Selbstverwaltungsgebiete
Jenin
Tulkarem
Nablus
Kalkilya
WESTJORDANLAND
Tel Aviv
Amman
Ramallah
Jericho
Ashdod
Jerusalem
JORDANIEN
ISRAEL
Bethlehem
Hebron
GAZA-
STREIFEN
Gaza
Khan Junis
Rafah
Beersheba
In den Abkommen von Kairo (1994) und Oslo II (1995) festgelegte palästinensische Selbstverwaltungsgebiete (Zone A). Unter Kontrolle der Palästinensischen Nationalbehörde.
Zone B: Unter gemeinsamer israelisch-palästinensischer Kontrolle.
Zone C: Unter alleiniger Kontrolle Israels.
Sonderregelung gemäß dem Hebron-Abkommen (1997)
Verbindungsstraßen zwischen dem Gazastreifen und dem Westjordanland
ÄGYPTEN
10 Kilometer

gemeinsame Aufsicht eingerichtet, nach der die palästinensische Polizei für die öffentliche Ordnung verantwortlich ist, während das israelische Militär die »Gesamtverantwortung für die Sicherheit« behielt. Die Zahl der palästinensischen Polizisten wurde auf 12 000 Mann im Westjordanland und 18 000 im Gazastreifen begrenzt. Zone C umfaßt 72 Prozent des Westjordanlandes. Hierzu gehören die israelischen Siedlungen, Gebiete mit einer geringeren palästinensischen Bevölkerungsdichte, das Jordantal und das dem israelischen Militär vorbehaltene Land. Über diese Zone behält Israel weiterhin die alleinige Kontrolle.

Diese territoriale Aufteilung betrifft Bethlehem wie folgt: ein acht Quadratkilometer großes Gebiet der Stadt wurde der Zone A zugeteilt; Teile der umgebenden Städte Beit Jala und Beit Sahour sowie einige Dörfer gehören zur Zone B; der Rest der Region Bethlehem liegt in Zone C, darunter Rahels Grab, der südlich von Bethlehem gelegene Siedlungsblock von Gush Etzion, der höhergelegene Teil Beit Jalas (Ras Jala) und das Herodeion.

Das Oslo-II-Abkommen sah in der territorialen Aufteilung den ersten Schritt in Richtung eines praktikablen Übergangs zu einer weiteren Ausdehnung der selbstverwalteten palästinensischen Gebiete. So war für 1996 und 1997 eine Reihe weiterer Umgruppierungen des israelischen Militärs vorgesehen, bei denen Gebiete der Zone B mit Gebieten der Zone A zusammengelegt werden sollten. Zudem sollten mit Ausnahme der zehn Prozent, in denen israelische Siedlungen liegen, Gebiete der Zone C in Zone B verwandelt werden. Nach dem Regierungswechsel in Israel im Mai 1996 und der Verschiebung des Truppenabzugs aus Hebron sah ein revidierter Plan drei verschiedene Truppenrückzüge im Verlauf von 18 Monaten vor, mit denen 1997 begonnen werden sollte. Keiner davon wurde in die Tat umgesetzt, so daß sich die Diskussionen im Sommer 1998 statt dessen auf einen einzigen endgültigen Truppenrückzug aus einem Gebiet von zwischen neun und dreizehn Prozent des Westjordanlandes konzentrierten.

Israelische Militärpatrouille in Zone C des Westjordanlandes, in der die israelische Armee nach dem Oslo-II-Abkommen weiter die militärische Kontrolle behält.

Daß dieses erste Stadium auf lange Sicht unhaltbar ist, wird anhand der geographischen Isolation der acht Städte deutlich, aus denen die Zone A besteht. Das Oslo-II-Abkommen garantierte zwar »die normale und ungehinderte Bewegung von Personen, Fahrzeugen und Gütern innerhalb des Westjordanlandes sowie zwischen dem Westjordanland und dem Gazastreifen«. Dieses Prinzip wurde allerdings nicht in die Tat umgesetzt, und das Territorium von Zone C erwies sich in der Praxis nicht als Brücke, sondern als trennende Barriere. Aufgrund der anhaltenden Spannungen zwischen den Palästinensern und Israel verfügte das israelische Militär sowohl 1996 als auch 1997 strikte Absperrungen, durch die der palästinensische Verkehr nicht nur nach Israel selbst, sondern auch von Zone A in die Zonen B und C massiv eingeschränkt wurde. Die Frage der »ungehinderten Durchreise« war demzufolge ein beherrschendes Thema der nachfolgenden Verhandlungen.

Wahlen

Das Oslo-II-Abkommen sah die Wahl eines 88köpfigen Palästinensischen Legislativrats und dessen Präsidenten vor. Um eine gerechte Repräsentation aller religiösen Gruppen zu garantieren, wurde ein Quotensystem eingeführt: vier Vertreter aus Bethlehem, darunter zwei Christen, zwei Vertreter aus Jerusalem, einer aus Ramallah und einer aus Gaza-Stadt. Ferner wurde einer der Sitze, die Nablus zustanden, für einen Vertreter der Minderheit der Samariter reserviert.

Am 20. Januar 1996 fanden unter Überwachung durch internationale Wahlbeobachter die ersten Wahlen statt. Insgesamt 674 Kandidaten standen für die 88 Sitze des Legislativrats zur Wahl, darunter 33 Kandidaten für die vier Bethlehemer Sitze. In der Region Bethlehem nahmen 75 Prozent der Wahlberechtigten an der ersten nationalen Wahl teil, mehr als der Durchschnitt von 68 Prozent, die in den palästinensischen Gebieten ihre Stimme abgaben. 89 Prozent von ihnen, etwas mehr als der nationale Durchschnitt, stimmten für Yassir Arafat als ersten palästinensischen Präsidenten. Der Erfolg der ersten palästinensischen Wahlen wurde weltweit als Zustimmung für eine demokratische Regierungsform und für den Friedensprozeß insgesamt interpretiert.

Militär-Checkpoint

Bethlehem ist durch eine direkt am Nordrand der Stadt gelegene militärische Straßensperre von Jerusalem getrennt. Vor Beginn der Friedensgespräche wurde dieser Checkpoint von Israel nur sporadisch genutzt. Seit der Friedenskonferenz von Madrid 1991 ist er zu einer Dauereinrichtung für die effizientere Überprüfung der Palästinenser geworden. Für die nach Jerusalem reisenden Palästinenser stellt er eine tägliche Demütigung dar. Gleichzeitig ist die Zahl der Palästinenser, denen überhaupt die Einreise nach Jerusalem gestattet wird, drastisch gesenkt worden. Dies empfinden die Einwohner Bethlehems aufgrund ihrer vielfältigen historischen, wirtschaftlichen und religiösen Verbindungen zu Jerusalem als unzumutbare Beeinträchtigung ihrer Menschenrechte und ihres Alltagslebens.

Viele der schönsten Häuser an der Hebronstraße, besonders die im Al-Baka-Viertel Jerusalems, wurden einst von Bewohnern Bethlehems erbaut und blieben ihr Eigentum, bis man sie während des Krieges von 1948 beschlagnahmte und Westjerusalem einverleibte. Unter der Bevölkerung Bethlehems bestehen immer noch enge Familienbindungen nach Ostjerusalem. Beide Städte sind auch wirtschaftlich voneinander abhängig; zum einen sind Tausende von Palästinensern in Jerusalem beschäftigt, zum anderen kommen viele Rohstoffe und Nahrungsmittel für Jerusalem aus der Region Bethlehem. Zudem ist Jerusalem sowohl für Christen als auch für Muslime in religiöser Hinsicht von großer Bedeutung.

Wegen der zentralen Lage Jerusalems ist es für Palästinenser heute äußerst schwierig, an andere Orte im Westjordanland und im Gazastreifen oder auch nur zum Ben-Gurion-Flughafen zu gelangen. Im Rahmen eines streng kontrollierten Einreisesystems erhalten Personen, die bestimmte Voraussetzungen erfüllen, ausnahmsweise eine Reisegenehmigung, die jedoch immer wieder erneuert werden muß.

Rechts oben: Der Militär-Checkpoint im Norden Bethlehems an der Straße nach Jerusalem.

Rechts unten: Israelische Soldaten bei der Ausweiskontrolle.

Bei den Kontrollen am Checkpoint wird scharf zwischen Palästinensern und Israelis unterschieden: Die palästinensischen Wagen mit ihren blauen oder grünen Kennzeichen werden angehalten, während die an ihren gelben Nummernschildern erkennbaren israelischen unkontrolliert weiterfahren dürfen.

Die Israelis behalten sich weiterhin das Recht vor, Jerusalem einseitig für die Palästinenser abzusperren. In den ersten beiden Jahren nach der Einrichtung der Palästinensischen Nationalbehörde hat es 25 solcher unterschiedlich lang befristeten Absperrungen Jerusalems gegeben.

Die Bewohner Bethlehems fürchten außerdem eine schrittweise Einengung ihres Territoriums, da die Militär-Checkpoints immer weiter in den Süden verlagert werden. Von 1948 bis 1967 befand sich die Grenze nach Westjerusalem in der Nähe des Eliasklosters. 1991 wurde der Checkpoint weiter südlich bei Tantur eingerichtet. 1996 schließlich, als Bethlehem sich schon unter palästinensischer Selbstverwaltung befand, wurde bei Rahels Grab ein zweiter Kontrollpunkt errichtet. 1994 erklärte der Stadtrat Jerusalems Teile der Region Bethlehem zum Bestandteil Großjerusalems und somit zum möglichen Gegenstand weiterer israelischer Expansion.

Vor dem Oslo-I-Abkommen war ein Drittel der palästinensischen Arbeitskräfte – das sind etwa 120 000 Menschen – in Israel beschäftigt. Unter den Einwohnern Bethlehems lag der Anteil der Personen, die im nahegelegenen Jerusalem Arbeit gefunden hatten, sogar bei knapp 50 Prozent. Dementsprechend sah das Oslo-II-Abkommen eine Verpflichtung vor, nach der »beide Seiten versuchen werden, die normale Bewegungsfreiheit der Arbeitskräfte zwischen jeder Seite aufrechtzuerhalten, wobei das Recht jeder Seite vorbehalten bleibt, von Zeit zu Zeit den Umfang und die Bedingungen der Migration von Arbeitskräften in ihr Gebiet neu festzulegen«. Dieses Prinzip wurde jedoch immer weniger eingehalten, so daß die Zahl der Arbeitsgenehmigungen für Palästinenser in Israel im Verlauf von nur zwei Jahren auf 29 000 zurückging. Für die Stadt Bethlehem hatte dies katastrophale wirtschaftliche Folgen, so daß die Arbeitslosigkeit mittlerweile bei 40 bis 50 Prozent liegt.

Die Auswirkungen der Absperrungen haben diese extrem schwierige Situation noch verstärkt. Allein 1996 und 1997 bestand an 235 Tagen, das heißt während 31 Prozent der gesamten Zeit, eine vollständige Absperrung. Die Weltbank schätzt die Kosten dieser Absperrungen für die Palästinenser auf 13,6 Millionen Dollar pro Tag, da zu den entgangenen Arbeitslöhnen noch der fehlende Güterimport und der Verlust im Warenexport hinzukommen. Die Defizite betrugen somit allein während dieser zwei Jahre über drei Milliarden Dollar. Im Gesamtergebnis haben die Absperrungen also die Investitionssumme der Geberländer, die ebenfalls bei etwa drei Milliarden Dollar liegt, bereits nivelliert.

Der Status von Jerusalem

Die beiden Oslo-Abkommen haben die Behandlung der Jerusalemfrage auf die Verhandlungen über den endgültigen Status der besetzten Gebiete verschoben. Auch dies hatte für die Bewohner Bethlehems erhebliche negative Auswirkungen.

Der Teilungsplan der Vereinten Nationen sah 1947 für Jerusalem einen internationalen Status vor, eine entmilitarisierte Stadt, die für die Angehörigen der drei Religionsgemeinschaften gleichermaßen offen sein sollte: für Juden, Muslime und Christen; der Bevölkerungsanteil von Arabern und Juden sollte gleich groß sein. In Anerkennung der historischen, geographischen und religiösen Bindungen wurde Bethlehem damals in die Grenzen Jerusalems miteinbezogen. Das war mehr als nur ein symbolischer Akt. Viele Bewohner Bethlehems hatten nämlich viel in die wirtschaftliche Entwicklung Jerusalems investiert und westlich der Altstadt einige der schönsten Häuser der Stadt errichtet.

Der Krieg von 1948 brachte jedoch eine Teilung der Stadt. Die Kämpfe um Jerusalem, die Vertreibung der Araber und die Enteignung der Einwohnern von Bethlehem gehörenden Häuser und Unternehmen zerschnitten viele der historischen Verbindungen. Dennoch bestanden bis 1967 in vielen gesellschaftlichen und wirtschaftlichen Bereichen enge Beziehungen zwischen Jerusalem und Bethlehem.

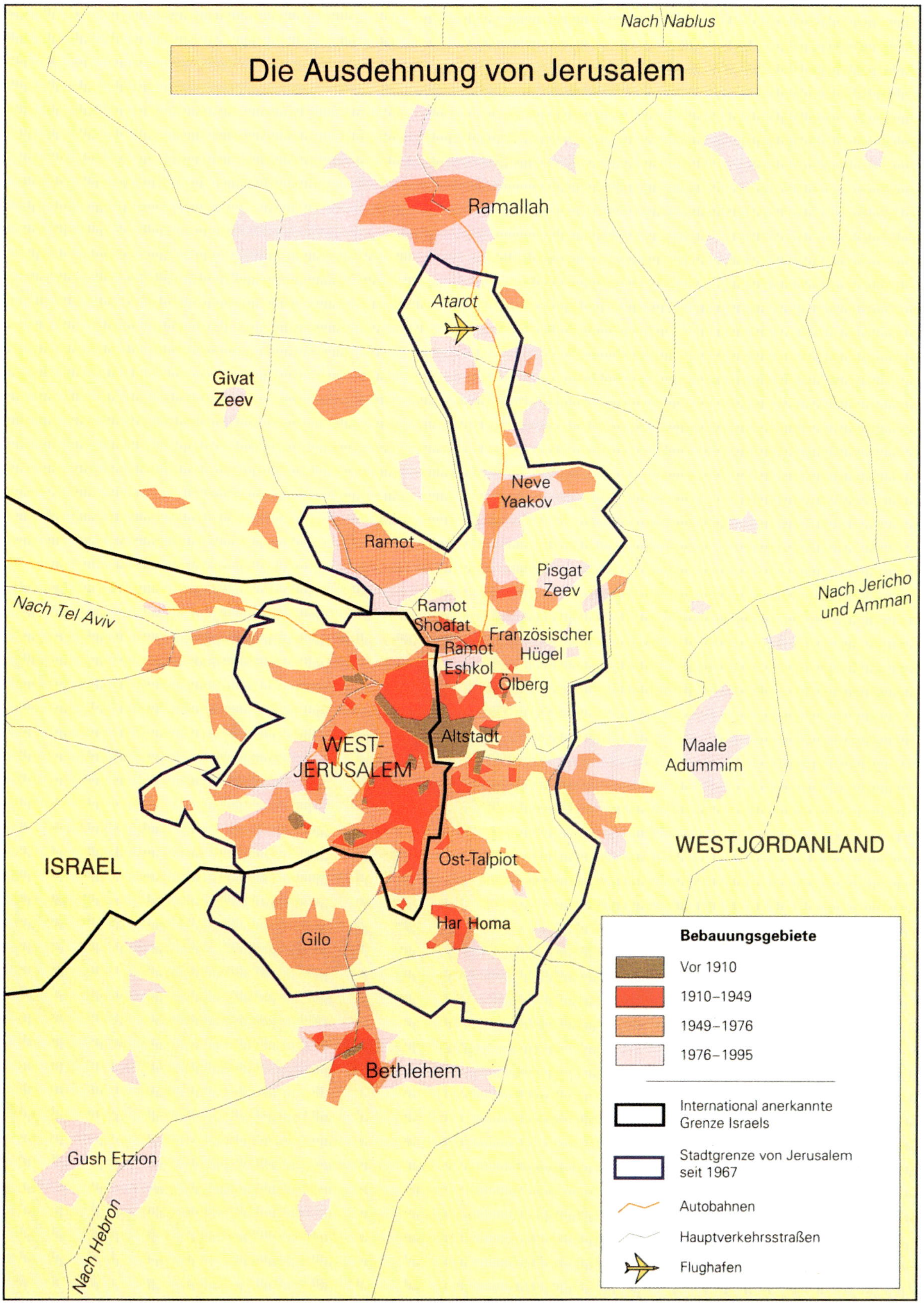

Nach Nablus
Die Ausdehnung von Jerusalem
Ramallah
Atarot
Givat Zeev
Neve Yaakov
Ramot
Pisgat Zeev
Nach Jericho und Amman
Nach Tel Aviv
Ramot Shoafat
Französischer Hügel
Ramot Eshkol
Ölberg
Altstadt
WEST-JERUSALEM
Maale Adummim
WESTJORDANLAND
ISRAEL
Ost-Talpiot
Har Homa
Gilo
Bethlehem
Gush Etzion
Nach Hebron
Bebauungsgebiete
Vor 1910
1910–1949
1949–1976
1976–1995
International anerkannte Grenze Israels
Stadtgrenze von Jerusalem seit 1967
Autobahnen
Hauptverkehrsstraßen
Flughafen

Der Junikrieg von 1967 unterbrach dann aber auch diese Verbindungen. Obwohl Israel sowohl Bethlehem als auch Ostjerusalem eroberte, wurde ein Keil zwischen beide Städte getrieben, um ihre dauerhafte Trennung herbeizuführen. Die Annexion Ostjerusalems und die neu gezogenen Grenzen dienten als Mittel, eine jüdische Mehrheit in der Heiligen Stadt herzustellen. Militärische Straßensperren und ein kompliziertes Genehmigungsverfahren erschweren es heute den Einwohnern Bethlehems, in Jerusalem zur Arbeit oder zur Schule zu gehen, sich ärztlich versorgen zu lassen oder ihre Familien zu besuchen. Bethlehems Christen können jetzt nicht mehr am Karfreitag und an Ostern in der Grabeskirche beten; das gleiche gilt für die Muslime und die El-Aqsa-Moschee während des Fastenmonats Ramadan.

Siedlungen

Eines der schwierigsten Probleme, mit denen die Bevölkerung Bethlehems konfrontiert ist, ist die Existenz der jüdischen Siedlungen. Allein innerhalb der Region Bethlehem befinden sich 18 Siedlungen, und weitere drei liegen direkt am südlichen Stadtrand Jerusalems. Obwohl in diesen Siedlungen im Raum Bethlehem nur etwa 10 000 Menschen leben (die Siedlung Gilo bei Jerusalem hat dagegen eine Bevölkerung von 60 000), haben die Siedler mehr als die Hälfte des Landes unter Kontrolle und verbrauchen einen hohen Anteil an Wasser und anderen natürlichen Ressourcen. Außerdem sind sie eine Bedrohung für die Sicherheit der Palästinenser.

Die Siedlung Gilo zwischen Jerusalem und Bethlehem. Festungsartig überragen die israelischen Siedlungen häufig palästinensische Dörfer und Städte.

Die Situation von Beit Jala ist ein gutes Beispiel: Die Stadt ist nahezu ganz von Siedlungen umringt. Im Westen von Beit Jala befindet sich die Grüne Linie, die seit 1948 die Grenze mit Israel bildet. Selbst diese geringe Entfernung ist mit der Errichtung der Siedlung Har Gilo auf dem Gipfel des Berges Ras Jala weiter verkürzt worden. Jenseits des Tales im Norden liegt die bereits erwähnte Siedlung Gilo, die nach israelischem Verständnis zu Jerusalem gehört. Im Süden befindet sich der Siedlungsblock von Gush Etzion. Und als wenn das noch nicht genug wäre, verläuft die neue Umgehungsstraße für die israelischen Siedler über das Land Beit Jalas und durch einen Tunnel unter der Stadt hindurch.

Der Fall Beit Jala ist typisch für die Situation der ganzen Region Bethlehem. Die Siedlungsplanung sieht einen Ring um das gesamte Gebiet vor, so daß Bethlehem von Hebron im Süden, dem arabischen Ostjerusalem im Norden und dem Rest des Westjordanlandes so gut wie abgeschnitten ist. Bethlehem ist heute zwar Teil der selbstverwalteten palästinensischen Gebiete; wenn sich jedoch an den israelischen Siedlungsplänen nichts ändert, wird die Stadt künftig nur ein vom restlichen Palästina getrennter Kanton sein.

Die israelische Siedlungspolitik gilt als das größte Hindernis auf dem Weg zu einer Friedenslösung. Die Siedlungen sind eine Verletzung internationaler Rechtsnormen. So besagt zum Beispiel die Vierte Genfer Konvention unter anderem, daß »die Besatzungsmacht keine Teile ihrer eigenen Zivilbevölkerung in das Territorium, das sie besetzt hält, transferieren darf«. Ebenso fordert die UN-Resolution 452 von 1979 Israel dazu auf, »mit sofortiger Wirkung die Gründung, den Bau und die Planung von Siedlungen in den seit 1967 besetzten arabischen Gebieten einschließlich Jerusalems zu beenden«.

Mit der strategischen Planung zur Besiedlung des Westjordanlandes und ihrer praktischen Umsetzung wurde sofort nach dem Junikrieg von 1967 begonnen. Die regierende Arbeitspartei ließ zwischen 1967 und 1977 in der Region Bethlehem sechs Siedlungen bauen. In den darauffolgenden 15 Jahren entstanden unter der Likudregierung bis 1992 zwölf weitere Siedlungen. Während dieser Zeit erfolgte insgesamt eine enorme Expansion der Siedlungstätigkeit, wodurch die Zahl der Siedler im Westjordanland um das 23fache stieg.

Ferner wurden die finanziellen Anreize und die staatliche Unterstützung für die Siedlungen so stark erweitert, daß sie rund 20 Prozent der Staatsausgaben für Wohnungsbau betrugen. Bis zum Jahre 1982 waren bereits 55 Prozent des Territoriums im Westjordanland zu sogenanntem Staatsland erklärt worden und galten somit als mögliches Gebiet für eine weitere Siedlungsexpansion.

Nach der Friedenskonferenz von Madrid 1991 kam 1992 die Arbeitspartei mit einem Programm, das ein Einfrieren der Siedlungstätigkeit im Westjordanland vorsah, an die Regierung. Ende 1993 wurde jedoch ein Teil der Region Bethlehem zum Bestandteil von Großjerusalem erklärt und war damit vom Siedlungsstopp ausgenommen. Seit der Friedenskonferenz von Madrid hat die Beschlagnahme von Land um 400 Prozent zugenommen; die Zahl der Siedler stieg um 25 Prozent. Besonders stark ausgedehnt hat sich der Siedlungsblock von Gush Etzion südlich von Bethlehem. Die im Mai 1996 an die Macht gekommene Likudregierung unter Ministerpräsident Benyamin Netanyahu forciert die Siedlungsausdehnung mit staatlichen Mitteln weiter massiv.

Die jüdischen Siedler leben aus religiösen oder wirtschaftlichen Gründen im Westjordanland. Nach einer kürzlich durchgeführten Meinungsumfrage würden 50 Prozent von ihnen wieder nach Israel zurückkehren, wenn sie dieselben finanziellen Anreize erhielten wie zuvor in den Siedlungen. Die Siedler erhalten einen beträchtlichen Einkommensteuernachlaß, Landpreise zu fünf Prozent des tatsächlichen Bodenwertes, zinsfreie oder niedrig verzinste Darlehen und einen Hausbauzuschuß von 19 000 US-Dollar.

Entsprechend dem Kairo-Abkommen vom Mai 1994 bleiben die Siedlungen außerhalb des Zuständigkeitsbereichs der Palästinensischen Nationalbehörde und haben ihr eigenes Rechtssystem sowie eine eigene Infrastruktur. Dies führt zu zweigeteilten Verhältnissen, ähnlich der südafrikanischen Apartheid. Die Siedlungen verfügen auch über ein eigenes Straßennetz. So verbindet zum Beispiel die 25 Kilometer lange Straße durch die Region Bethlehem den Siedlungsblock von Gush Etzion mit Jerusalem. Sie darf nur teilweise von Palästinensern benutzt werden und isoliert so die palästinensischen Dörfer noch weiter voneinander.

Demonstration israelischer und palästinensischer Friedensgruppen gegen das israelische Siedlungsprojekt in Abu Gneim (Har Homa). Auf der Bergkuppe im Hintergrund befindet sich das Eliaskloster.

1995 wurde bei Abu Gneim (Har Homa), in direkter Nachbarschaft von Bethlehem und Beit Sahour, eine vollkommen neue Siedlung genehmigt. Sie soll 160 Hektar Land umfassen, welches Einwohnern von Bethlehem und Beit Sahour gehört. Baubeginn war im März 1997. Die Planungen für Har Homa sehen 8000 Wohneinheiten für 40 000 Siedler vor.

Darüber hinaus ignoriert das Vorhaben die Besorgnisse von Umweltschützern, da seine Durchführung eines der wenigen Waldgebiete in der Region Bethlehem zerstört. Ferner wirft das Projekt religiöse Probleme auf, da sich das Eliaskloster ebenso wie die Überreste der alten Klöster von Abu Gneim und Bir el-Kutt in unmittelbarer Nähe befinden.

Die Kontrolle über das Wasser

Heute ist ein Mythos in Umlauf, der auch an die Touristen vermittelt wird und der besagt, Israel habe die palästinensische Wüste in eine grüne Oase verwandelt. In Wirklichkeit ist dies eine verzerrte Darstellung der harten und schmerzlichen Erfahrungen eines Lebens unter der Besatzung und der ungerechten Verteilung der Wasserressourcen.

Die Kontrolle des Wassers stellt eine der entscheidendsten Fragen im Nahen Osten dar und ist vom israelisch-palästinensischen Konflikt um das Land nicht zu trennen. Tatsächlich ist der Kampf um Wasservorräte oft einer der Hauptgründe für Kriege gewesen. Der Junikrieg von 1967 beispielsweise, der zur Besetzung Bethlehems und des gesamten Westjordanlandes führte, hatte seine Ursache zum Teil in Israels Wunsch, die Wasserressourcen der Region zu kontrollieren. Während der gesamten Zeit der Besatzung wurden sämtliche Wasservorräte dann durch Militärbefehl zu Staatseigentum erklärt. Selbst nach den Abkommen von Oslo bleibt das Wasser des Westjordanlandes unter der Kontrolle der israelischen Zivilverwaltung.

Heute werden 80 Prozent der Wasserressourcen des Westjordanlandes entweder von jüdischen Siedlungen genutzt oder nach Israel umgeleitet. Als Ergebnis können die Palästinenser lediglich ein Fünftel ihrer eigenen Wasserreserven verwenden. Darüber hinaus müssen sie im Durchschnitt dreimal soviel für dieselbe Menge Wasser bezahlen wie die Israelis. Die Präsenz der jüdischen Siedlungen im Westjordanland mit ihren reichlich bewässerten Feldern erinnert sichtbar daran, wie ungleich das Wasser verteilt wird.

Ein Bericht der Vereinten Nationen von 1992 unterstreicht die kritische Rolle des Wassers:

»Das Wasser in den besetzten Gebieten ist ungeachtet seiner geringen Menge fast die einzige natürliche Ressource, die die Palästinenser haben. Jegliche Manipulation dieses Reichtums würde notwendigerweise dem Ziel der Palästinenser, einen eigenen Staat zu errichten, entgegenstehen und ihren Anspruch auf Selbstbestimmung bedeutungslos machen.«

Flüchtlinge

Aufgrund von Kriegen und wirtschaftlichen Notlagen haben im Laufe der Jahrhunderte viele Menschen in Bethlehem Zuflucht gesucht. Dem Lukasevangelium zufolge war es letztlich das harte römische Besatzungsregime, das Josef und Maria veranlaßte, nach Bethlehem zu kommen.

Die Flüchtlingsfrage stellte von Anfang an eines der wichtigsten Probleme im israelisch-palästinensischen Konflikt dar – sie ist bis heute ungelöst. Vor 1948 lebten 800 000 Palästinenser innerhalb der Grenzen des heutigen Israel. Nach dem Krieg blieben nur etwa 100 000 von ihnen zurück, nunmehr als Bürger des neuen Staates Israel. Die meisten derjenigen, die 1948/49 ihre Heimat verließen, hatten keine andere Wahl, da 480 arabische Dörfer vollständig zerstört wurden und Israel, während es das Rückkehrrecht für Juden zum Gesetz machte, den palästinensischen Flüchtlingen das Recht auf Rückkehr verwehrte. Dies bedeutete eine klare Verletzung der UN-Resolution 194 vom Dezember 1948, die das Recht der Palästinenser auf Rückkehr anerkannte.

Viele der Flüchtlinge flohen nach Jordanien, Syrien und in den Libanon. Andere wurden von den Dörfern des Westjordanlandes, unter anderem auch denen der Region Bethlehem, aufgenommen. Eine andere Gruppe erhielt innerhalb des nicht von Israel besetzten Teils von Palästina den Status von Flüchtlingen und wurde in 27 Lagern im Westjordanland und im Gazastreifen untergebracht. Durch den Junikrieg 1967 erhöhte sich die Zahl der Flüchtlinge ein weiteres Mal. Heute leben in den Flüchtlingslagern im Westjordanland und im Gazastreifen noch etwa 500 000 Palästinenser. Die Tatsache, daß diese Lager auch 50 Jahre nach der Vertreibung ihrer Bewohner immer noch existieren, ist eine der großen Tragödien des 20. Jahrhunderts.

In Bethlehem gibt es drei Flüchtlingslager. Das größte davon ist das Lager Deheisheh, das südlich von Bethlehem an der Straße nach Hebron liegt. Es war ursprünglich als vorübergehende Notunterkunft für etwa 1000 Flüchtlinge gedacht. *Deheisheh* – was sich ungefähr mit *Grüne Pracht* übersetzen läßt – war früher für die Bewohner Bethlehems ein beliebter Ausflugsort. Die Zelte des Lagers wurden bald durch improvisierte, auf längere Zeit geplante kleine Häuser ersetzt, so daß Deheisheh wie viele Flüchtlingslager heute wie ein großes Dorf wirkt. Gegenwärtig leben in Deheisheh 8700 Palästinenser.

Neben Deheisheh gibt es in Bethlehem zwei weitere Flüchtlingslager. Das Lager Aida mit 3300 Bewohnern liegt westlich der Hebronstraße in der Nähe von Rahels Grab. Das Lager Beit Jibrin (Azeh) befindet sich zwischen der Hebronstraße und der neuen Straße nach Bethlehem; in ihm leben etwa 1500 Palästinenser.

Verwaltet werden die Flüchtlingslager vom UN-Hilfswerk für Palästinaflüchtlinge im Nahen Osten (UNRWA). Die UNRWA betreibt eigene Schulen und Programme zur Berufsausbildung; sie ist zudem verantwortlich für die Gesundheitsfürsorge und für Rehabilitationsdienste sowie für Wasser, Elektrizität, Müll- und Abwasserdienste.

Unten und rechts: Flüchtlingslager Deheisheh.

Psalmen für Flüchtlinge

Ein jüdischer Psalm (Psalm 137)

An den Wassern zu Babel
Saßen wir und weinten,
Wenn wir Zion gedachten.
Unsere Harfen hängten wir
An die Weiden dort im Lande.
Denn die uns gefangenhielten,
Hießen uns dort singen
Und in unserem Heulen fröhlich sein:
»Singet uns ein Lied von Zion!«
Wie könnten wir des Herrn Lied singen
In fremdem Lande?
Vergesse ich dich, Jerusalem,
So verdorre meine Rechte.
Meine Zunge soll an meinem Gaumen kleben,
Wenn ich deiner nicht gedenke,
Wenn ich nicht lasse Jerusalem
Meine höchste Freude sein.

Ein palästinensischer Psalm

An den Hügeln von Deheisheh
Saßen wir und weinten,
Wenn wir unserer Dörfer gedachten.
Unsere Lauten hängten wir
An die Olivenzweige dort im Lande.
Denn die uns gefangenhielten,
Hießen uns dort singen
Und in unserem Heulen fröhlich sein:
»Singet uns ein Lied von euren Dörfern!«
Wie könnten wir des Herrn Lied singen
In fremdem Lande?
Vergesse ich dich, mein Heimatland,
So verdorre meine Rechte.
Meine Zunge soll an meinem Gaumen kleben,
Wenn ich deiner nicht gedenke,
Wenn ich nicht lasse mein Heimatland
Meine höchste Freude sein.

Emigration

Die Emigration ist ein gravierendes Problem, mit dem sich die Bevölkerung Bethlehems während des gesamten 20. Jahrhunderts konfrontiert sah.

Schon während der letzten Jahre des 19. Jahrhunderts verließen viele Menschen als Teil einer großen Emigrationswelle aus wirtschaftlichen Gründen die Region Bethlehem. 1908, als die Türken begannen, Christen in ihre Armee einzuziehen, gehörten Bewohner von Bethlehem und Beit Jala zu den ersten, die emigrierten. Zwischen 1860 und 1914 wanderten über eine Million Menschen aus dem Osmanischen Reich nach Nord- und Südamerika aus. Die Zahl der Christen, die aus dem Raum Bethlehem emigrierten, war jedoch besonders groß. Man schätzt, daß die Anzahl der im Ausland lebenden, aber ursprünglich aus Bethlehem oder Beit Jala stammenden Christen etwa 150 000 beträgt, während in Bethlehem selbst heute nur noch 25 000 Christen wohnen.

Es gibt zahlreiche Erfolgsgeschichten von Emigranten in Chile, Brasilien, Honduras und in den Vereinigten Staaten. Die Baumwollfabrik der Gebrüder Jarur in Chile ist ein Beispiel dafür. Einige der Emigranten waren so erfolgreich, daß sie mit dem Vermögen, das sie erworben hatten, zurückkehrten und sich in ihrer Heimat prächtige Häuser bauten, wie zum Beispiel das von Suleiman Jazir an der Hebronstraße. Abdul Majid Shuman, der Bethlehem im Jahre 1911 mit acht Goldpfunden verließ, kehrte zurück und gründete die Arabische Bank. Die Gebrüder Abdullah al-Ama machten sich in der Filmindustrie Ägyptens einen Namen, nachdem sie zuvor in die Vereinigten Staaten eingewandert waren. Das Staatsbürgerschaftsgesetz der britischen Mandatsmacht von 1925 legte der Rückkehr der aus wirtschaftlichen Gründen emigrierten Palästinenser allerdings große Hindernisse in den Weg.

Auch nach dem Krieg von 1948, der Bethlehem zahlreiche Flüchtlinge bescherte, emigrierten viele Palästinenser wegen der wirtschaftlichen Vernachlässigung des Westjordanlandes, und nach der israelischen Besetzung 1967 stieg die Zahl der Emigranten ein weiteres Mal an. Dies zeigt sich unter anderem daran, daß die gesamte christliche Bevölkerung des Westjordanlandes während der letzten drei Jahrzehnte mit 50 000 konstant geblieben ist, während sie sich aufgrund der natürlichen Wachstumsrate hätte verdoppeln müssen.

Während sich die Emigranten in den letzten Jahren mehr nach Nord- und Südamerika orientierten, wo viele bereits Verwandte haben, spielten in den Jahren davor viele der Auswanderer eine wichtige Rolle bei der Entwicklung der arabischen Golfstaaten.

Heute gibt es Bemühungen, die Emigration unter jungen Palästinensern aufzuhalten. Qualitativ hochstehende Ausbildungseinrichtungen, wie etwa die Universität Bethlehem, bieten eine Alternative zu den Ausbildungsmöglichkeiten im Ausland. Ferner hat das Internationale Begegnungszentrum in Bethlehem ein Reintegrationsprogramm ins Leben gerufen, das für Absolventen ausländischer Universitäten die Berufsperspektiven verbessern soll.

Heute leben etwa drei Millionen Palästinenser im Ausland. Im Westjordanland und im Gazastreifen beträgt die palästinensische Bevölkerungszahl etwa 2,2 Millionen. Die Emigration betrifft sowohl Christen als auch Muslime, aber unter der christlichen Bevölkerung Bethlehems ist die Emigrationsrate weiterhin besonders groß, was von muslimischer Seite den Islamwissenschaftler Abdel Rahman Abbad zu folgender Antwort auf dieses Phänomen veranlaßte:

Das Farbenspektrum kennt sieben Farben. Wenn eine davon verschwindet, verliert die natürliche Ordnung ihr Gleichgewicht. Wenn eine der Zahlen von 0 bis 10 weggenommen wird, bricht das gesamte System der Zahlen zusammen. Und wenn einer der 28 Buchstaben des arabischen Alphabets gestrichen wird, gerät das ganze System der Sprache aus dem Gleichgewicht. Wir sind eine Nation und ein Volk. Der Verlust eines einzigen ist ein Verlust für das Ganze. Das ist der Hauptgrund, weshalb ich das Phänomen der Emigration mit großer Verachtung betrachte und als einen unserer nationalen Mängel… und Schlimmeres ansehe!

Rechts: Beit Jala. Ähnlich wie aus Bethlehem wanderten auch aus Beit Jala viele Christen Anfang des 20. Jahrhunderts nach Nord- und Südamerika aus.

Die Universität Bethlehem

Die Universität Bethlehem wurde 1973 von den De la Salle-Brüdern in Zusammenarbeit mit der römisch-katholischen Kirche gegründet, um den palästinensischen Studenten eine höhere Bildung zu ermöglichen. Sie ist heute eine der wichtigsten Universitäten des Westjordanlandes und vom Verband der Arabischen Universitäten anerkannt.

Die 1800 Studenten der Universität kommen aus verschiedenen Teilen des Westjordanlandes und des Gazastreifens. Der Magistergrad wird angeboten in Geisteswissenschaften, Pädagogik, Krankenpflege, Betriebswirtschaft und Hotelmanagement. Der Unterricht findet auf arabisch und englisch statt; ferner besteht die Möglichkeit, Fremdsprachen wie Hebräisch, Französisch und Spanisch zu studieren. Etwa 100 Professoren lehren an der Universität, darunter sowohl Palästinenser als auch Ausländer. Die Universitätsbibliothek umfaßt mehr als 50 000 Bände, ferner eine Sammlung palästinensischer Schriften. Sie besitzt außerdem ein audiovisuelles Zentrum.

Das Ziel der Universität Bethlehem ist es, das Bildungsniveau der Bevölkerung im Westjordanland und im Gazastreifen zu heben und die Kultur zu bereichern. Angesichts der großen Zahl der im Ausland studierenden jungen Palästinenser und der damit verbundenen starken Abwanderung erhofften sich die Universitätsgründer eine Motivation der Studenten, nach ihrem Studium in Palästina tätig zu werden.

Bethlehem 2000

Das Jahr 2000 ist nicht nur für die Bewohner Bethlehems, sondern für alle Christen und die gesamte Menschheit ein großes Ereignis: der Schritt ins nächste Jahrtausend. Die Geburt von Jesus Christus und seine Verheißung von Friede, Hoffnung und Erlösung stellen einen Wendepunkt in der Geschichte der Menschheit dar. Ein solcher Anlaß verlangt eine ernsthafte Auseinandersetzung mit der *Conditio humana*. Es ist an der Zeit, die Vergangenheit Revue passieren zu lassen und Ziele und Richtlinien für den Weg in die Zukunft zu formulieren. Die Menschen in Palästina möchten zum Ausdruck bringen, daß in ihren Herzen all jene Platz haben, die diese Vision und Verheißung teilen und dieses einmalige Ereignis mit ihnen feiern wollen.

Bethlehem bereitet sich zur Zeit auf das neue Jahrtausend vor. Hierzu wurde von den Einwohnern Bethlehems das Projekt *Bethlehem 2000* ins Leben gerufen, welches von der Palästinensischen Nationalbehörde mit besonderer Priorität unterstützt wird. Im März 1998 wurde per Präsidialerlaß von Yassir Arafat das Komitee *Bethlehem 2000* gebildet, das aus einem internationalen und einem palästinensischen Ministerausschuß besteht. Dieses Komitee bereitet für die Zeit zwischen Weihnachten 1999 und Ostern 2001 ein breitangelegtes, 16monatiges Veranstaltungsprogramm vor. Dieses umfaßt vielseitige Maßnahmen zur Verbesserung der Infrastruktur, zur Restaurierung des historischen Stadtkerns von Bethlehem und zur Erhaltung des kulturellen Erbes der Region.

Das Projekt *Bethlehem 2000* stellt auch eine einmalige Gelegenheit zur Förderung des Tourimus dar. Neue Angebote für Touristen, eine Vielzahl touristischer Projekte und eine erweiterte touristische Infrastruktur werden umgesetzt, um die erwarteten vier Millionen Besucher für die Feierlichkeiten willkommen zu heißen.

Für die Einwohner Bethlehems geht es bei der Jahrtausendwende darum, dieses Ereignis als Beginn eines neuen Zeitalters für ihre Stadt, ihre Region und die ganze Welt zu nutzen. Das Wichtigste hierbei sind jedoch nicht Spekulationen über die künftige, sondern die Veränderung der heutigen Welt duch Glaube, Liebe und Hoffnung.

Das Jahr 2000 ist für viele ein Anlaß, von einem neuen, himmlischen Bethlehem zu träumen, wo alles neu sein wird – von der Infrastruktur bis zu den Hotels. *Bethlehem 2000* ist jedoch ein Aufruf zum Handeln und nicht zum Träumen.

Das Jahr 2000 sollte zudem nicht nur unter dem Aspekt der wirtschaftlichen Entwicklung gesehen werden, sondern auch aus dem Blickwinkel eines spirituellen Wachstums. In Bethlehem war es, wo Himmel und Erde sich berührten, und hier soll ein vielseitiger Kulturaustausch die Menschen auf lokaler und internationaler Ebene zusammenbringen, ihnen helfen, miteinander zu kommunizieren und sich gegenseitig besser zu verstehen: Christen, Muslime und Juden, Palästinenser und Israelis.

Was Bethlehem hierfür braucht, ist Gerechtigkeit und Frieden.

Mitri Raheb, Bethlehem, August 1998

»Das Abendmahl«. Gemälde von Sliman Mansour. Dieses Bild sowie die Kalligraphien von Adel Nasser befinden sich als Ausstellungsstücke zur modernen palästinensischen Kunst im Internationalen Begegnungszentrum in Bethlehem. Das Zentrum bietet ein vielfältiges Veranstaltungs- und Kursprogramm zur palästinensischen Kultur an.

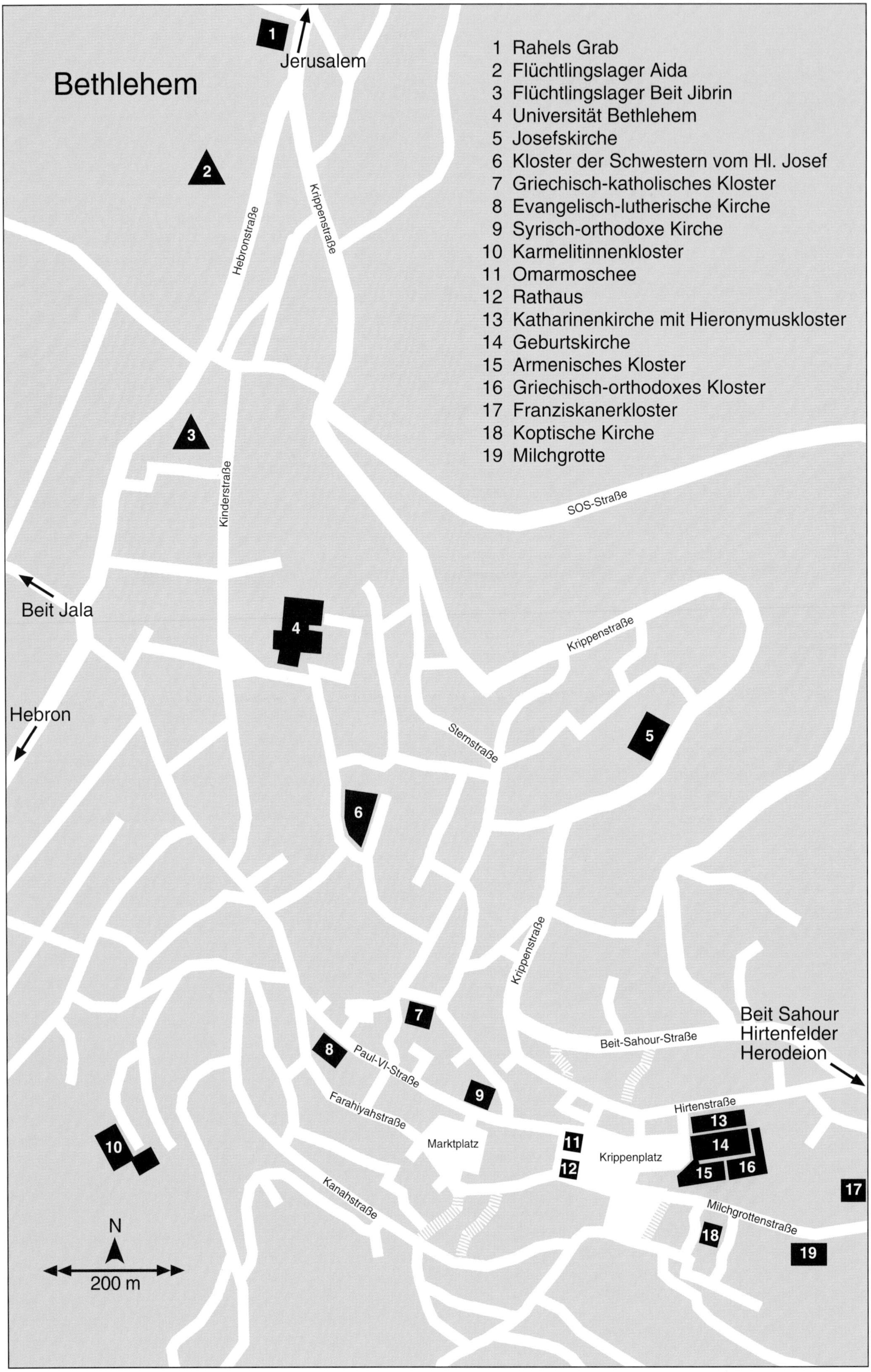
Bethlehem
1 Rahels Grab
2 Flüchtlingslager Aida
3 Flüchtlingslager Beit Jibrin
4 Universität Bethlehem
5 Josefskirche
6 Kloster der Schwestern vom Hl. Josef
7 Griechisch-katholisches Kloster
8 Evangelisch-lutherische Kirche
9 Syrisch-orthodoxe Kirche
10 Karmelitinnenkloster
11 Omarmoschee
12 Rathaus
13 Katharinenkirche mit Hieronymuskloster
14 Geburtskirche
15 Armenisches Kloster
16 Griechisch-orthodoxes Kloster
17 Franziskanerkloster
18 Koptische Kirche
19 Milchgrotte
Jerusalem
Hebronstraße
Krippenstraße
Kinderstraße
SOS-Straße
Beit Jala
Hebron
Sternstraße
Beit-Sahour-Straße
Beit Sahour
Hirtenfelder
Herodeion
Paul-VI-Straße
Farahiyahstraße
Hirtenstraße
Marktplatz
Krippenplatz
Milchgrottenstraße
Kanahstraße
N
200 m

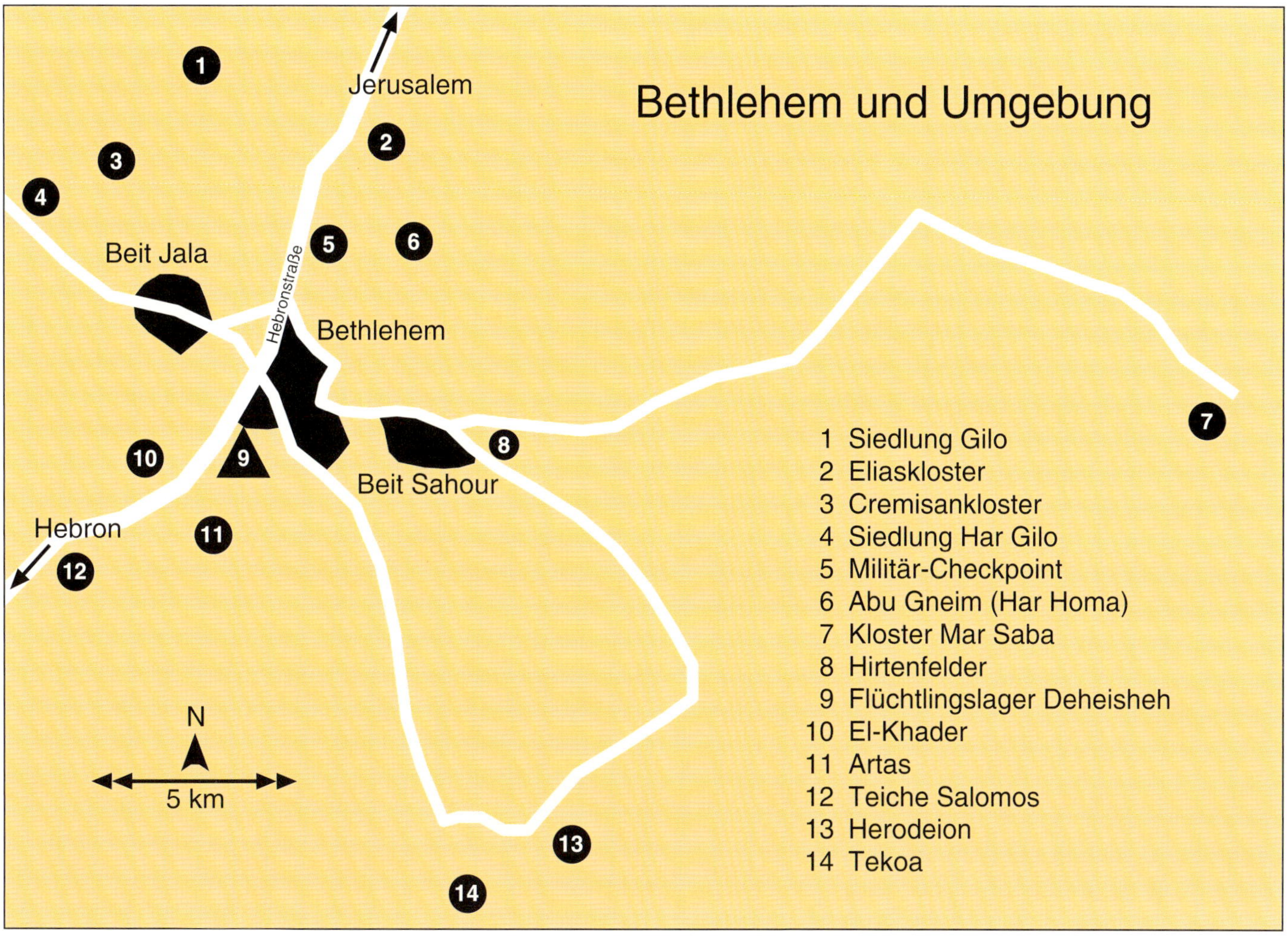
Bethlehem und Umgebung
Jerusalem
Beit Jala
Hebronstraße
Bethlehem
Beit Sahour
Hebron
N
5 km
1 Siedlung Gilo
2 Eliaskloster
3 Cremisankloster
4 Siedlung Har Gilo
5 Militär-Checkpoint
6 Abu Gneim (Har Homa)
7 Kloster Mar Saba
8 Hirtenfelder
9 Flüchtlingslager Deheisheh
10 El-Khader
11 Artas
12 Teiche Salomos
13 Herodeion
14 Tekoa

Adressen

Deutschland/Schweiz/Österreich

Verein zur Förderung der Städtepartnerschaft
Köln-Bethlehem e.V.
Heinz Erhard Cremer
c/o Schulverwaltungsamt
Deutz-Kalker-Straße 18-26
50679 Köln
Tel. 0221/2219202, Fax 0221/2219240

Palästinensische Generaldelegation
August-Bier-Straße 33
53129 Bonn
Tel. 0228/212035, Fax 0228/213594

Deutsch-Palästinensische Gesellschaft e.V.
Karl-Marx-Straße 150
12043 Berlin/Neukölln
Tel. 030/6809236, Fax 030/68809237
email: depege.rzw@berlin.snafu.de

Gesellschaft Schweiz-Palästina
Brückenstraße 3
3005 Bern
Tel./Fax 031/3115460

Koordinationsstelle Ökumene,
Mission und Entwicklungsfragen
Bethlehem Arbeitsgemeinschaft
Speichergasse 29
3011 Bern
Tel. 031/3125525

Kinderhilfe Bethlehem
Holbeinstraße 28
4051 Basel
Fax 021/363250

International Coordinating Committee
of NGOs on the Question of Palestine (ICCP)
P.O. Box 127
1211 Genf 20

Gesellschaft für Österreichisch-
Arabische Beziehungen
Lindengasse 61-63/2/V
1070 Wien
Tel. 01/5267810, Fax 01/5267795

European Coordinating Committee
of NGOs on the Question of Palestine (ECCP)
Rue Stevin 115
1000 Brüssel
Tel./Fax 02/2310174

Bethlehem

Al-Liqa Center
Hebron Road
Bethlehem
Tel./Fax 02/2741639

Alternative Tourism Group
P.O. Box 173
Beit Sahour
Tel. 02/2772151, Fax 02/2772211
email: atg@p-ol.com

Alternative Information Center
Bab al-Zqaq Junction
Maraqa Building, 2. Floor
Bethlehem
Tel./Fax: 02/2747346
http://www.aic.org
email: badill@trendline.co.il

Arab Women's Union
Star Street
P.O. Box 19
Bethlehem
Tel. 02/2742453/2742589

Beit Sahour Folklore Museum
P.O. Box 56
Beit Sahour
Tel. 02/2773666

Bethlehem 2000 Project Authority
Al-Atan Street
P.O. Box 2000
Bethlehem
Tel. 02/2742224, Fax 02/2742227

Bethlehem Bibel College
Hebron Road
P.O. Box 127
Bethlehem
Tel. 02/2741190, Fax 02/2743278
http://www.bethlehembiblecollege.edu

International Center of Bethlehem
(Internationales Begegnungszentrum)
Paul VI Street
P.O. Box 162
Bethlehem
Tel. 02/2770047, Fax 02/2770048
http://www.annadwa.org
email: annadwa@Planet.edu

Municipality of Beit Jala
Al-Manshiyeh Square
P.O. Box 1
Beit Jala
Tel. 02/2742601, Fax 02/2744457

Municipality of Beit Sahour
Hai al-Baladiah Street
P.O. Box 1
Beit Sahour
Tel. 02/2773666, Fax 02/2773520

Municipality of Bethlehem
Manger Square
P.O. Box 48
Bethlehem
Tel. 02/2741323/4/5, Fax 02/2741327

Talitha Kumi
P.O. Box 7
Beit Jala
Tel. 02/2741247/2745160, Fax 02/2741847

Bethlehem University
Freres Street
P.O. Box 9
Bethlehem
Tel. 02/2741241-5, Fax 02/2744440
http://www.bethlehem.edu
email: info@bethlehem.edu

The Old Bethlehem Home
(Bethlehem Museum)
P.O. Box 19
Bethlehem
Tel. 02/2742589, Fax 02/2742453

Palästina und Bethlehem im Internet

PALESTINE ONLINE
http://www.p-ol.com
email: info@p-ol.com

PALESTINE-ONLINE
http://www.palestine-online.com

PALGATE
http://www.palgate.com
email: admin@palgate.com

PALNET
http://www.palnet.com
email: info@palnet.com

PLANET
Palestinian Academic Network
http://www.planet.edu

Palestine around the Web
http://www.palestine-net.com

Al-Quds
http://www.alquds.org/palestine/index.html

Birzeit University
http://www.birzeit.edu

Literatur

Israelisch-palästinensischer Konflikt

Abbas, Mahmoud (Abu Mazen): Through Secret Channels. The Road to Oslo, Reading 1995.

Abdel Shafi, Haider: Moving Beyond Oslo, in: Journal of Palestine Studies, Vol. 25, Nr. 1, 1995, 76-85.

Abdullah, Samir: The Strategy of Economic Development in the Transitional Phase, in: Jerusalem Media and Communication Center (Hg.): Facing Palestinian Society in the Interim Period, Jerusalem 1994, 125-134.

Abed, George T. (Hg.): The Palestinian Economy. Studies in Development under Prolonged Occupation, London 1988.

Abu-Amr, Ziad: Pluralism and the Palestinians, in: Journal of Democracy, Vol. 7, Nr. 3, 1996, 83-93.

Ashrawi, Hanan: Ich bin in Palästina geboren. Ein persönlicher Bericht, Berlin 1995.

Asseburg, Muriel/Perthes, Volker (Hg.): The European Union and the Palestinian Authority. Recommendations for a New Policy, Ebenhausen 1998.

Avnery, Uri: Is Oslo Dead?, in: Palestine-Israel Journal, Vol. 2, Nr. 5, 1995, 26-32.

Avnery, Uri/Hanegbi, Haim: Who is Violating the Agreements? A Gush Shalom Research Paper, Tel Aviv 1997.

Baumgarten, Helga: Palästina. Befreiung in den Staat. Die palästinensische Nationalbewegung seit 1948, Frankfurt/M. 1991.

Baumgarten, Helga: »Gaza-Jericho-Zuerst«. Ein Jahr später. Politische Kräfteverhältnisse in der palästinensischen Gesellschaft, in: Israel und Palästina, Sonderheft, Nr. 38, Deutsch-Israelischer Arbeitskreis für Frieden im Nahen Osten, 1995, 19-40.

Becker, Hildegard u.a.: Der schwierige Weg zum Frieden. Der israelisch-arabisch-palästinensische Konflikt, Gütersloh 1994.

Benvenisti, Meron: Israel and the Administered Areas. West Bank Data Base Project, Jerusalem 1982.

Benvenisti, Meron: Intimate Enemies. Jews and Arabs in a Shared Land, Berkeley 1995.

Corbin, Jane: Riskante Annäherung. Die Geheimverhandlungen zwischen den Israelis und der PLO in Norwegen, München 1994.

Cotran, Eugene (Hg.): The Arab-Israeli Accords. Legal Perspectives, London 1996.

Dajani, Burhan: An Alternative to Oslo?, in: Journal of Palestine Studies, Vol. 25, Nr. 4, 1996, 5-19.

Elias, Adel S.: Dieser Frieden heißt Krieg. Israel und Palästina – die feindlichen Brüder, München 1997.

Erekat, Saeb: What it Takes to Make Peace, in: Palestine-Israel Journal, Vol. 3, Nr. 3-4, 1996, 18-24.

Flamhaft, Ziva: Israel on the Road to Peace. Accepting the Unacceptable, Boulder 1996.

Frangi, Abdallah: PLO und Palästina. Vergangenheit und Gegenwart, Frankfurt 1982.

Gowers, Andrew/Walker, Tony: Arafat. Hinter dem Mythos, Hamburg 1994.

Green, Yehudit: The Impact of Dialog, in: Palestine-Israel Journal, Vol. 3, Nr. 3-4, 1996, 138-142.

Halter, Marek/Laurent, Eric: Unterhändler ohne Auftrag. Die geheime Vorgeschichte des Friedensabkommens zwischen Israel und der PLO, Frankfurt/M. 1994.

Hart, Alan: Arafat. A Political Biography, Bloomington 1989.

Harttung, Arnold (Hg.): Die VN-Resolutionen zum Nahost-Konflikt, 1978-1990, Berlin 1991.

Heikal, Mohammed: Secret Channels. The Inside Story of Arab-Israeli Peace Negotiations, London 1996.

Herzberg, Arthur: The End of the Dream of the Undivided Land of Israel, in: Journal of Palestine Studies, Vol. 25, Nr. 2, 1996, 35-45.

Hofmann, Sabine/Ibrahim, Ferhad (Hg.): Versöhnung im Verzug. Probleme des Friedensprozesses im Nahen Osten, Bonn 1996.
Institute for Palestine Studies (Hg.): The Palestinian-Israeli Peace Agreement. A Documentary Record, London 1994.
Israeli Settlement in the West Bank. Past, Present, and Future, Alternative Information Center, Jerusalem 1995.
Jerusalem Media and Communication Center (Hg.): Facing Palestinian Society in the Interim Period, Jerusalem 1994.
Johannsen, Margret/Schmid, Claudia (Hg.): Wege aus dem Labyrinth? Friedenssuche in Nahost. Stationen, Akteure, Probleme des nahöstlichen Friedensprozesses, Baden-Baden 1997.
Jundi, Ibrahim al-: Das Flüchtlingsproblem. Prüfstein des Friedens, in: Palästina-Journal, Nr. 31, Deutsch-Palästinensische Gesellschaft, 1997, 19-20.
Kaulisch, Thomas: Israel und die PLO. Der Friedensprozeß seit dem Zweiten Golfkrieg und die Rolle der externen Akteure, Köln 1996.
Khalidi, Rashid: A Palestinian View of the Accord with Israel, in: Current History, Vol. 93, Nr. 580, 1996, 62-66.
Khalidi, Walid: All that Remains. The Palestinian Villages Occupied and Depopulated by Israel in 1948, Washington 1992.
Khatib, Ghassan al-: The Inadequacy of an Interim Agreement, in: Palestine-Israel Journal, Nr. 5, 1995, 13-18.
Klein, Uta/Sigrist, Christian (Hg.): Prospects of Israeli-Palestinian Co-Existence. Kulturelle Identität und politische Selbstbestimmung in der Weltgesellschaft, Band 2, Münster 1996.
Lemarchand, Phillippe/Radi, Lamia: Israel und Palästina morgen. Ein geopolitischer Atlas, Braunschweig 1997.
Mahler, Gregory S.: Constitutionalism and Palestinian Constitutional Development, Jerusalem 1996.
Makovsky, David: Making Peace with the PLO. The Rabin Government's Road to the Oslo Accord, Boulder 1996.
Mejcher, Helmut (Hg.): Die Palästinafrage 1917-1948, 2. Aufl., Paderborn 1993.
Menck, Karl Wolfgang: Wirtschaftspolitik in und Entwicklungszusammenarbeit mit Palästina, München 1997.
Metzger, Jan/Orth, Martin/Sterzing, Christian: Das ist unser Land, Bornheim-Merten 1980.
Morris, Benny: The Birth of the Palestinian Refugee Problem, 1947-1949, Cambridge 1987.
Muslih, Muhammad: Jericho and Its Meaning. A New Strategy for the Palestinians, in: Current History, Vol. 93, Nr. 580, 1994, 72-77.
Nassar, Jamal R./Heacock, Roger (Hg.): Intifada. Palestine at the Crossroads, New York/London 1990.
Nassar, Jamal R.: The Palestine Liberation Organization. From Armed Struggle to the Declaration of Independence, New York 1991.
Neuhaus, Dietrich/Sterzing, Christian (Hg.): Die PLO und der Staat Palästina. Analysen und Dokumente zur Entwicklung der PLO, Frankfurt/M. 1991.
Ortlieb, Sylvia: Palästinensische Identität und Ethnizität. Genese und Entwicklung des Selbstverständnisses der Palästinenser, Köln 1995.
Otto, Ingeborg/Schmidt-Dumont, Marianne: Der Nahostkonflikt seit Ausbruch der Intifada. Eine Auswahlbibliographie, Hamburg 1990.
Paech, Norman: Das verlorene Territorium des palästinensischen Staates. Israels Siedlungspolitik nach dem Oslo-Abkommen, in: Blätter für deutsche und internationale Politik, Vol. 41, Nr. 10, 1996, 1252-1262.
Palestinian Academic Society for the Study of International Affairs/PASSIA (Hg.): The Palestinian Economy. A Bibliography, Jerusalem 1994.
Palestinian Academic Society for the Study of International Affairs/PASSIA (Hg.): PASSIA Yearbook, Jerusalem 1997.
Palestinian Emigration, Sonderausgabe des Al-Liqa Journal, Nr. 2, 1992.
Palestinian Refugees and Non-Refugees in the West Bank and Gaza Strip, in: Sonderausgabe von Journal of Refugee Studies, Oxford 1989.
Pawelka, Peter: Der Vordere Orient und die Internationale Politik, Stuttgart/Berlin/Köln 1993.
Pax Christi/Deutsches Sekretariat (Hg.): Naher Osten, Ferner Frieden?, Idstein 1997.
Pax Christi-Nahostkommission (Hg.): Israel und Palästina. Positionen, Analysen, Hintergründe, Bad Vilbel 1994.
Peres, Shimon: Shalom. Erinnerungen, Stuttgart 1995.
Rabin, Lea: Ich gehe weiter auf seinem Weg. Erinnerungen an Jitzchak Rabin, München 1997.

Ries, Matthias: Der israelisch-palästinensische Konflikt und seine internationale Dimension, Trier 1995.
Roy, Sara M.: The Gaza Strip. The Political Economy of De-development, London 1995.
Safieh, Afif: The Peace Process. From Breakthrough to Breakdown?, in: Palestine-Israel Journal, Vol. 4, Nr. 1, 1997, 73-78.
Savir, Uri: The Process, New York 1998.
Schmid, Claudia: Der Israel-Palästina-Konflikt und die Bedeutung des Vorderen Orients als sicherheitspolitische Region nach dem Ost-West-Konflikt, Baden-Baden 1993.
Schreiber, Friedrich: Kampf um Palästina. Eine 3000-jährige Geschichte der Gewalt, München 1992.
Shaat, Nabil: A State in the Making, in: Palestine-Israel Journal, Vol. 3, Nr. 2, 1996, 25-34.
Smith, Pamela Ann: The Palestinian Diaspora, 1948-1985, in: Journal of Palestine Studies, Vol. 15, Nr. 3, 1986, 91-108.
Stein, Georg: Die Palästinenser. Unterdrückung und Widerstand eines entrechteten Volkes, Köln 1988.
Strickert, Fred: In the Shadow of the Settlements. A Farm in Palestine, in: Christian Century, April 9, 1997, 356-357.
Sunderbrink, Ute: Die PLO in der Krise?, Münster/Hamburg 1993.
Tamari, Salim: Rückkehr, Umsiedlung, Repatriierung. Die Zukunft der palästinensischen Flüchtlinge, in: Palästina-Journal, Deutsch-Palästinensische Gesellschaft, 1996, 3-8.
Usher, Graham: Palestine in Crisis. The Struggle for Peace and Political Independence after Oslo, London 1995.
Van der Meulen, Lionel: Fremde im eigenen Land, München 1989.
Volle, Angelika/Weidenfeld, Werner (Hg.): Frieden im Nahen Osten? Chancen, Gefahren, Perspektiven, Bonn 1997.
Wallach, Janet/Wallach, John: Yassir Arafat. Der lange Weg zur Versöhnung, München 1994.
Waltz, Viktoria/Zschiesche, Joachim: Die Erde habt Ihr uns genommen. 100 Jahre zionistische Siedlungspolitik in Palästina, Berlin 1986.
Watzal, Ludwig: Frieden ohne Gerechtigkeit. Israel und die Menschenrechte der Palästinenser, Köln/Weimar/Wien 1995.
Watzal, Ludwig: Friedensfeinde. Der Konflikt zwischen Israel und Palästina in Geschichte und Gegenwart, Berlin 1998.
Yorke, Valerie: Der ungewisse Weg zum wahren Frieden im Nahen Osten, in: Europa-Archiv, Vol. 49, Nr. 8, 1994, 213-222.
Zaharna, Randa S.: A Perspective on Communication in Palestinian Society, in: Palestine-Israel Journal, Vol. 3, Nr. 3-4, 1996, 123-128.

Alte Geschichte

Abells, Zvi/Arbit, Asher: The City of David Water System, Jerusalem 1994.
Amit, D.: What was the Source of Herodion's Water?
Arnold, Patrick M.: Ramah, in: Freedman, David Noel (Hg.): The Anchor Bible Dictionary, Vol. 5, Garden City 1992, 613-614.
Avi-Yonah, Michael/Tzaferis, Vassilios/Stekelis, M.: Bethlehem, in: Stern, Ephraim (Hg.): The New Encyclopedia of Archaeological Excavations in the Holy Land, Vol. 1, Jerusalem 1993.
Axelsson, Lars: Tekoa, in: Freedman, David Noel (Hg.): The Anchor Bible Dictionary, Vol. 6, Garden City 1992, 343-344.
Bagatti, B.: Recenti scavi a Betlemme, in: Liber Annuus, Nr. 18, 1968, 181-237.
Bailey, Kenneth E.: The Manger and the Inn: The Cultural Background of Luke 2:7, in: Theological Review of the Near East School of Theology, 1979, 33-44.
Benoit, P.: Chronique Archéologique: Bethléem, in: Revue Biblique, Nr. 77, 1970, 583-585.
Brown, Raymond E.: The Birth of the Messiah, Garden City 1977.
Campbell, Edward F. Jr.: The Anchor Bible. Ruth, Garden City 1975.
Cassin, Elena/Bottéro, Jean/Vercoutter, Jean (Hg.): Die Altorientalischen Reiche, 3 Bde., Frankfurt/M. 1994.
Cazelles, Henri: Bethlehem, in: Freedman, David Noel (Hg.): The Anchor Bible Dictionary, Vol. 1, Garden City 1992, 712-714.
Corbo, V.: Herodion, in: Liber Annuus, Nr. 13, 1962-63, 219-277.

Corbo, V.: Herodion, in: Liber Annuus Nr. 17, 1967, 65-121.
Dothan, Trude/Dothan, Moshe: Die Philister. Zivilisation und Kultur eines Seevolkes, München 1995.
Foerster, Gideon: Herodium, in: Avi-Yonah, Michael (Hg.): Encyclopedia of Archaeological Excavations in the Holy Land, Vol. 2, Englewood Cliffs 1976, 502-510.
Foerster, Gideon: Herodium, in: Stern, Ephraim (Hg.): The New Encyclopedia of Archaeological Excavations in the Holy Land, Vol. 2, Jerusalem 1993, 618-621.
Hennesy, J.B.: An Early Bronze Age Tomb Group from Beit Sahur, in: Annual of the Department of Antiquities of Jordan, Nr. 11, 1966, 19-40.
Keel, Othmar/Küchler, Max: Orte und Landschaften der Bibel, Vol. 2, Der Süden, Göttingen 1982.
Luker, Lamonette M.: Ephrathah, in: Freedman, David Noel (Hg.): The Anchor Bible Dictionary, Garden City 1992, 557-558.
Luker, Lamonette M.: Rachel's Tomb, in: Freedman, David Noel (Hg.): The Anchor Bible Dictionary, Vol. 5, Garden City 1992, 608-609.
Mazar, A.: The Aqueducts of Jerusalem, in: Jerusalem Revealed. Archaeology in the Holy City 1968-74, Jerusalem 1975, 79-84.
Netzer, Ehud: Greater Herodium, in: Qedem, Nr. 13, 1981.
Netzer, Ehud: Herodium. An Archaeological Guide, Jerusalem 1987.
Netzer, Ehud: Lower Herodium, in: Stern, Ephraim (Hg.): The New Encyclopedia of Archaeological Excavations in the Holy Land, Vol. 2, Jerusalem 1993, 621-626.
Saller, S.: Iron Age Remains from the Site of a New School at Bethlehem, in: Liber Annuus, Nr. 18, 1968, 153-180.
Schick, Carl: Die Wasserversorgung der Stadt Jerusalem, in: Zeitschrift des Deutschen Palästina Vereins, Nr. 1, 1878, 132-176.
Smith, George Adam: The Historical Geography of the Holy Land, London 1894.
Stekelis, M.: Bethlehem, in: Avi-Yonah, Michael (Hg.): Encyclopedia of Archaeological Excavations in the Holy Land, Vol. 1, Englewood Cliffs 1976, 198-206.
Stockton, E.: Stone Age Factory Site at Arafa near Bethlehem, in: Liber Annuus, Nr. 15, 1965, 124-30.
Stockton, E.: The Stone Age of Bethlehem, in: Liber Annuus, Nr. 17, 1967, 129-148.
Tzaferis, Vassilios: Shepherds' Field, in: Stern, Ephraim (Hg.): The New Encyclopedia of Archaeological Excavations in the Holy Land, Vol. 4, Jerusalem 1993, 1362-1363.
Vetrali, L.: Le Iscrizioni Dell'Acquedotto Romano Presso Betlemme, in: Liber Annuus Nr. 17, 1967, 149-161.
Vogt, E.: Benjamin geboren ›eine Meile‹ von Ephrata.
Welten, P.: Bethlehem und die Klage um Adonis, in: Zeitschrift des Deutschen Palästina Vereins, Nr. 99, 1983, 189-203.

Religion/Christentum/Pilger

Ateek, Naim Stifan: Recht, nichts als Recht! Entwurf einer palästinensisch-christlichen Theologie, Fribourg/Brig 1990.
Ateek, Naim Stifan/Radford Ruether, Rosemary (Hg.): Faith and the Intifada. Palestinian Christian Voices, Maryknoll 1991.
Bechmann, Ulrike/Raheb, Mitri (Hg.): Verwurzelt im Heiligen Land. Einführung in das palästinensische Christentum, Frankfurt/M. 1995.
Chacour, Elias: Auch uns gehört das Land. Ein israelischer Palästinenser kämpft für Frieden und Gerechtigkeit, Frankfurt/M. 1994.
Chitty, Derwas J.: The Desert a City. An Introduction to the Study of Egyptian and Palestinian Monasticism under the Christian Empire, Oxford 1966.
Cragg, Kenneth: The Arab Christian. A History in the Middle East, Louisville 1991.
Cyril of Scythopolis: The Lives of the Monks of Palestine, Kalamazoo 1991.
Di Segni, Leah: Life of Chariton, in: Wimbush, V. L. (Hg.): Ascetic Behavior in Greco-Roman Antiquity, Minneapolis 1990, 393-424.
Griffith, Sidnet H.: Arabic Christianity in the Monasteries of Ninth-Century Palestine, Aldershot 1992.
Hamilton, R.W.: The Church of the Nativity – Bethlehem, Jerusalem 1947.
Harvey, W.: Structural Survey of the Church of the Nativity – Bethlehem, Oxford 1935.

Hirschfeld, Yizhar: Life of Chariton in the Light of Archaeological Research, in: Wimbush, V. L. (Hg.): Ascetic Behavior in Greco-Roman Antiquity, Minneapolis 1990, 425-447.
Hirschfeld, Yizhar: Chariton, in: Stern, Ephraim (Hg.): The New Encyclopedia of Archaeological Excavations in the Holy Land, Vol. 1, Jerusalem 1993, 297-299.
Hirschfeld, Yizhar: Monasteries and Churches in the Judean Desert in the Byzantine Period, in: Tsafir, Yoram (Hg.): Ancient Churches Revealed, Jerusalem 1993, 149-154.
Hirschfeld, Yizhar: The Judean Desert Monasteries in the Byzantine Period, New Haven 1995.
Horner, Norman A.: A Guide to Christian Churches in the Middle East, Indiana 1989.
Jotischky, Andrew: Manuel Comnenus and the Reunion of the Churches. The Evidence of the Conciliar Mosaics in the Church of the Nativity in Bethlehem, in: Levant, Nr. 26, 1994, 207-223.
Khoury, Geries S.: Guide to the Church in the Holy Land, Nazareth 1984.
Khusru, Nasiri: Diary of a Journey through Syria and Palestine.
Patrich, Joseph: The Hermitage of St. John the Hesychast in the Great Laura of Sabas, in: Liber Annuus, Nr. 43, 1993, 315-337.
Radford Ruether, Rosemary/Ruether, Herman J.: The Wrath of Jonah. The Crisis of Religious Nationalism in the Israeli-Palestinian Conflict, San Francisco 1989.
Raheb, Mitri: Das reformatorische Erbe unter den Palästinensern. Zur Entstehung der Evangelisch-Lutherischen Kirche in Jordanien, Gütersloh 1990.
Raheb, Mitri: Ich bin Christ und Palästinenser. Israel, seine Nachbarn und die Bibel, Gütersloh 1994.
Saller, Sylvester: The Byzantine Chapel Found at Bethlehem in 1962.
Schaff, Philip/Wace, Henry (Hg.): Jerome. A Select Library of Nicene and Post-Nicene Fathers of the Christian Church, Vol. 6, Grand Rapids 1971.
The Pilgrimage of the Russian Abbot Daniel, in: The Library of the Palestine Pilgrims' Text Society, Vol. 5, New York 1971.
Vincent, L.H./Abel, F.M.: Bethléem. Le Sanctuaire de la Nativité, Paris 1914.

Bethlehem

Baannura, Tuma: Bethlehem, Beit Sahour, Beit Jala, Ephrata (Arabisch), Jerusalem 1982.
Bailey, Betty Jane/Bailey, J. Martin: Slouching Toward Bethlehem 2000, in: The Link, Nr. 29, 1996, 1-9.
Elalie, Giries: Bethlehem. The Immortal Town, Jerusalem 1991.
Revault, Philippe/Santelli, Serge/Weill-Rochant, Catherine (Hg.): Maisons de Bethléem, Paris 1997.
Strickert, Fred: Religious Coexistence in a Town of Three Faces, in: The Christian Science Monitor, Dec. 24, 1996, 19.
Strickert, Fred: Candles of Peace. In Shepherds' Fields, in: Christian Century, Dec. 24-31, 1997, 1212-1213.

Kultur

Informationsstelle Palästina (Hg.): Palästinensische Volkskunst, Palästina Dokumentation Nr. 10, Bonn o. J.
Jayyusi, Salma Khadra (Hg.): Anthology of Modern Palestinian Literature, New York 1992.
Karkutli, Burhan: Reiseziel moderne palästinensische Kunst (Interview), in: Palästina Bulletin, Nr. 16 u. 17, 1985.
Kawar, Widad Kamel: The Traditional Palestinian Costume, in: Journal of Palestine Studies, Vol. 10, Nr. 1, 1980, 118-129.
Khalidi, Walid (Hg.): Before Their Diaspora. A Photographic History of the Palestinians, 1876-1948, Washington 1984.
Revealing the Holy Land. The Photographic Exploration of Palestine, Santa Barbara 1997.
Shammout, Ismail: Palästinensische Kunst der Gegenwart, in: Palästina, Nr. 7, 1990.
Weir, Shelagh: Palestinian Costume, London 1989.
Weir, Shelagh/Shahid, Serene: Die palästinensische Stickerei, in: Palästina, Nr. 2, 1990.

Reiseführer/Reiseberichte

Fleckenstein, Karl H.: Israel-Westjordanland, Bad Liebenzell 1995.

Frings, Ute/Rosen, Rolly: Israel/Palästina, Reinbek bei Hamburg 1998.

Gorys, Erhard: Heiliges Land. Ein 10 000 Jahre altes Kulturland zwischen Mittelmeer, Rotem Meer und Jordan, Köln 1996.

Haag, Herbert: Das Land der Bibel, Stuttgart 1998.

Hamilton, R.W.: A Guide to Bethlehem, Jerusalem 1939.

Heck, Gerhard/Wöbcke, Manfred: Israel und besetzte Gebiete, Hattorf 1995.

Hoade, Eugene: Guide to the Holy Land, Jerusalem o. J.

Humphreys, Andrew/Tilbury, Neil: Israel-Handbuch. Mit den palästinensischen Gebieten, Bremen 1997.

Lucke, Karin: Israel. Mit Gazastreifen, Golanhöhen und Westjordanland, Nürnberg 1994.

Murphy-O'Connor, Jerome: Das Heilige Land. Ein archäologischer Reiseführer, München 1981.

Pax Christi Nahostkommission: Begegnungen in Israel und Palästina. Ein Reisebegleiter zu den Menschen im unheiligen Heiligen Land, Bad Vilbel 1994.

Petrozzi, Maria Teresa: Bethlehem, Jerusalem 1970.

Pfeiffer, Ida: Reise einer Wienerin in das Heilige Land, Wien 1844.

Rauch, Michel: Israel und Palästina, Köln 1996.

Roberts, David: The Holy Land, London 1855.

Roberts, David: Reisen im Land der Bibel. Text von Ida Huberman, Bayreuth 1985.

Roberts, David: Gestern und heute – Das Heilige Land. Lithographien und Reisetagebuch von David Roberts, Vercelli/Bnei Brak 1995.

Shomali, Sawsan/Shomali, Qustandi: Bethlehem 2000. Ein Reiseführer für Bethlehem und Umgebung, Waldbröl 1997.

Wilson, Charles W.: The Land of Judea and the Jerusalem Environs, Jerusalem o. J.

Weitere Bücher zum israelisch-palästinensischen Konflikt und zur arabischen Welt im PALMYRA VERLAG

Mahmoud Darwisch

Palästina als Metapher

Gespräche über Literatur und Politik

Vorwort von Hassouna Mosbahi

Nachwort von Nathan Zach

Aus dem Französischen von Michael Schiffmann

Glossar · Register · 280 Seiten · 13,5 x 21 cm · Gebunden
DM 39,80 · ÖS 295,- · SFr 38,80 · ISBN 3-930378-16-7

»Darwisch besticht nicht nur durch seine wunderschöne Sprache, sondern auch durch seine unbeirrbare Friedfertigkeit. Das Buch ist Zeitgeschichte und bedrückende Gegenwart zugleich. Darwisch ist nicht nur Anwärter auf den Literaturnobelpreis, sondern auch der bedeutendste Schriftsteller der arabischen Welt.«/Saarländischer Rundfunk

Edward W. Said

Frieden in Nahost?

Essays über Israel und Palästina

Vorwort von Felicia Langer

Aus dem Amerikanischen von Michael Schiffmann

Register · Karte · 280 Seiten · 13,5 x 21 cm · Broschur
DM 34,- · ÖS 252,- · SFr 33,- · ISBN 3-930378-15-9

»Said bezieht eindeutig Stellung; seine Analyse des Friedensprozesses ist überzeugend.«/Süddeutsche Zeitung

»Saids Essays geben viele Denkanstöße und fordern zur Diskussion geradezu heraus.«/Westdeutscher Rundfunk

Amnon Kapeliuk

Rabin – Ein politischer Mord

Nationalismus und rechte Gewalt in Israel

Vorwort von Lea Rabin

Aus dem Französischen von Miriam Magall

Register · 240 Seiten · 13,5 x 21 cm · Broschur
DM 34,- · ÖS 252,- · SFr 33,- · ISBN 3-930378-13-2

»Spannend wie ein Kriminalroman; eine ausführliche Analyse, die manchen schockieren dürfte.«/dpa

»Für Israel-Interessierte sollte das Buch zur Pflichtlektüre werden.«/die tageszeitung (taz)

Danny Rubinstein

Yassir Arafat

Vom Guerillakämpfer zum Staatsmann

Aus dem Englischen von Torsten Waack

Zeittafel · Register · 208 Seiten · 13,5 x 21 cm · Gebunden
DM 34,- · ÖS 252,- · SFr 33,- · ISBN 3-930378-09-4

»Eine spannend zu lesende Mischung aus politischer Biographie und Psychogramm, wohltuend sachlich und unparteiisch im besten Sinne.«/Süddeutscher Rundfunk

»Rubinstein bringt Arafat auf den Punkt; ein kluger Entmythologisierungsversuch.«/Die Zeit

Uri Avnery/Azmi Bishara (Hg.)

Die Jerusalemfrage

Israelis und Palästinenser im Gespräch

Zeittafel · Karten · 320 Seiten · 13,5 x 21 cm · Broschur
DM 34,- · ÖS 252,- · SFr 33,- · ISBN 3-930378-07-8

Mit Beiträgen von Teddy Kollek, Hanan Ashrawi, Amos Oz, Faisal Husseini, Ehud Olmert, Albert Aghazarian, Shulamit Aloni, Nazmi al-Jubeh, Meron Benvenisti, Ikrima Sabri und Michel Sabbah.

»Das Buch behandelt nahezu alles, was zu diesem Thema gedacht und diskutiert worden ist.«/arte-Themenabend zu Jerusalem

Uri Avnery

Zwei Völker – Zwei Staaten

Gespräch über Israel und Palästina

Vorwort von Rudolf Augstein

200 Seiten · 19 Schwarzweißfotos · 13,5 x 21 cm
Broschur · DM 29,80 · ÖS 221,- · SFr 29,80
ISBN 3-930378-06-X

»Beredt und kundig gibt Avnery Auskunft über Hintergründe und Hoffnungen des nahöstlichen Friedensprozesses.«/Frankfurter Allgemeine Zeitung

Ian Black/Benny Morris

Mossad · Shin Bet · Aman

Die Geschichte der israelischen Geheimdienste

Aus dem Englischen von Torsten Waack

Glossar · Register · 880 Seiten · 13,5 x 21 cm · Gebunden
DM 78,- · ÖS 577,- · SFr 73,- · ISBN 3-930378-02-7

»Ein Standardwerk über Israels Geheimdienste.«/Neue Zürcher Zeitung

»Die bislang seriöseste und umfassendste Geschichte des israelischen Geheimdienstes.«/New York Times

Yoel Cohen

Die Vanunu-Affäre

Israels geheimes Atompotential

Vorwort von Frank Barnaby

Aus dem Englischen von Josephine Hörl

Glossar · Register · 440 Seiten · 10 Schwarzweißfotos
13,5 x 21 cm · Gebunden · DM 44,- · ÖS 326,- · SFr 42,-
ISBN 3-930378-03-5

»Ein Atomthriller, der große Aktualität gewinnt.«/Focus

»Die detaillierteste und interessanteste Studie zur Vanunu-Affäre.«/Frankfurter Allgemeine Zeitung

Ali H. Qleibo

Wenn die Berge verschwinden

Die Palästinenser im Schatten der israelischen Besatzung

Vorwort von Amos Oz

Aus dem Englischen von Arno Schmitt

280 Seiten · 13,5 x 21 cm · Gebunden · DM 39,80
ÖS 295,- · SFr 38,80 · ISBN 3-9802298-8-2

»Ein faszinierendes Buch. Ali Qleibo ist eine einzigartige Mischung aus anthropologischer Dokumentation, Familiengeschichte, Reisebericht aus der eigenen Heimat und mitreißendem dichterischem Bekenntnis gelungen.« Amos Oz

Gernot Rotter

Allahs Plagiator

Die publizistischen Raubzüge des »Nahostexperten« Gerhard Konzelmann

180 Seiten · 13,5 x 21 cm · Broschur · DM 26,80
ÖS 199,- · SFr 26,80 · ISBN 3-9802298-4-X

Das Buch zur Konzelmann-Affäre

»Rotter tranchiert den Autor von einem Dutzend Erfolgsbüchern rundum und kommt zu dem bitteren Schluß: Konzelmann entwerfe ein demagogisches Zerrbild der islamischen Welt.«/Der Spiegel

Verena Klemm/Karin Hörner (Hg.)

Das Schwert des »Experten«

Peter Scholl-Latours verzerrtes Araber- und Islambild

Vorwort von Heinz Halm

290 Seiten · 13,5 x 21 cm · Broschur · DM 29,80
ÖS 221,- · SFr 29,80 · ISBN 3-9802298-6-6

Mit Beiträgen von Arnold Hottinger, Gernot Rotter, Petra Kappert, Sabine Kebir u.a.

»Als Warnung kommt die kritische Initiative der Islamkenner zur rechten Zeit.«/Prof. Dr. Udo Steinbach, Focus

Georg Stein (Hg.)

Nachgedanken zum Golfkrieg

Vorwort von Robert Jungk

300 Seiten · 14 x 21 cm · Broschur · DM 29,80
ÖS 221,- · SFr 29,80 · ISBN 3-9802298-2-3

Die erste kritische Gesamtdarstellung über Hintergründe und Auswirkungen des Golfkriegs. Mit Beiträgen von Johan Galtung, Horst-Eberhard Richter, Margarete Mitscherlich u.a.

»Ein sehr interessantes Buch. Besonders die Beiträge der Regionalexperten bieten fundierte Analyse und Hintergründe, die in dieser Dichte in den meisten Büchern zum Thema Naher Osten nicht zu finden sind.«/Süddeutscher Rundfunk

Huda Al-Hilali

Von Bagdad nach Basra

Geschichten aus dem Irak

Vorwort von Freimut Duve

190 Seiten · 12,5 x 18,5 cm · Gebunden · DM 29,80
ÖS 221,- · SFr 29,80 · ISBN 3-9802298-3-1

Die Geschichten von Huda Al-Hilali sind ein wichtiger Beitrag zur Annäherung an die Menschen im Irak, an ihre Kultur und Tradition. Sie vermitteln aber auch ein besseres Verständnis für die arabische Welt insgesamt.

»An dem ästhetisch wunderschön gemachten Buch stimmt alles.«/evangelische information